Hübner/Koch

Boule · Pétanque · Boccia

HOMO
LUDENS

Felix Hübner / Ulrich Koch

BOULE
PÉTANQUE
BOCCIA

Hugendubel

CIP-Titelaufnahme der Deutschen Bibliothek
Hübner, Felix:
Boule, Pétanque, Boccia / Felix Hübner; Ulrich Koch.
– 2. Aufl. – München:
Hugendubel, 1990
(Homo ludens)
ISBN 3-88034-362-4

2. korr. Auflage 1990

© Heinrich Hugendubel Verlag, München 1988
Alle Rechte vorbehalten

Umschlaggestaltung, Layout, Fotos: Ulrich Koch, Frankfurt
Produktion: Tillmann Roeder, München
Satz: D.R. Fotosatz GmbH, Bad Homburg
Reproduktion: D.R. Fotosatz GmbH, Bad Homburg
Druck und Bindung: Bosch-Druck, Landshut

ISBN 3-88034-362-4

Printed in Germany

Inhalt

Nachmittags im Park

In einer kleinen, parkähnlichen Anlage mit Platanen und breiten Wegen treffen sich regelmäßig die Frankfurter Pétanque-Spieler. Im Sommer geht es lange in den Abend. Der letzte Lichtschein wird ausgenutzt, und wenn es dann noch zu kurz ist, geht's bei milder Luft unter der Laterne weiter. Zur Winterzeit dagegen, wenn die Dämmerung den Tag schnell beendet, fängt es nachmittags schon früh an. Pétanque ist das Spiel mit den Kugeln aus Metall, die zuerst die Hand kühl ausfüllen und nach einer Weile angenehm warm werden. Dann bemerkt man nur noch ihre Rundung und ihre manchmal rauhe Oberfläche, die von den Steinchen Scharten bekommen hat und vom Zusammenprall mit anderen Kugeln uneben geworden ist.

Wer ankommt, hat immer Lust auf Bewegung und auf die spielerische Unterhaltung mit den Spielpartnern. Die muß nicht immer wortreich sein und bezieht sich meistens auf das Spiel. Aber gelegentlich, zwischen zwei Spielzügen, wird ein wenig erzählt, oder einige wichtige Infomationen machen die Runde. Bewegung? Der erste, noch allein, packt seine drei Kugeln aus, wirft eine weit von sich auf den Boden und beginnt, die beiden anderen auf sie zu werfen. Er übt Schießen. Mit seinem Wurf will er die Kugel auf dem Boden treffen, so daß sie wegrollt. Nicht häufig macht's klack. Meist wird ein Loch in den Sand daneben gerissen. Dennoch, fast jeder probiert ein paar Schüsse, wenn er den Körper vom Sitzen lockern, den Arm ein wenig anwärmen will. Denn Schießen, das so wenige gut können, wäre häufig ein Mittel, das Spiel zu eigenen Gunsten zu wenden.

Sind vier beisammen, so wird nicht lange palavert. Man ist gekommen um zu spielen. Also Auslosung von zwei Mannschaften, mit der Schuhspitze zeichnet einer einen Kreis auf den Boden, ein Holzkügelchen wird geworfen:

das Ziel. Die Kugeln sollen dicht daran liegen, und wem das am besten gelingt, gewinnt Punkte. Und danach geht es in den nächsten Spielabschnitt, über eine neue Strecke.

Die Passanten, die häufiger vorbeikommen, die Müßigen, die auf den Parkbänken sitzen, sie haben sich allmählich an dieses Spiel gewöhnt. Anfangs wirkten sie etwas verständnislos. Aber jetzt kennen sie beinahe schon die Spielregeln, wenn sie wohl auch nicht verstehen, ob es die Unfähigkeit des Spielers ist oder die Tücke des Bodens, die einen Wurf mißlingen lassen. Dafür hören sie dann die Entschuldigungen und Kommentare der Spieler. Ob das die Fragen klärt?

Diese Zuschauer sehen ganz gerne zu, machen auch mal eine Bemerkung. Manche ältere Herren riskieren schließlich, sich nach den Regeln zu erkundigen und wollen ein paar Probewürfe machen. Sie sind meist erstaunt, daß es schwieriger ist, als sie dachten, einen gescheiten Wurf zu machen, und vor allem schwieriger, als es aussah.

Aber das ist wohl gerade, was die Leute reizt, es immer wieder zu versuchen. Die richtige Bewegung für den regenfeuchten oder sonnentrockenen Boden zu finden, den Lauf der Kugel mit Überraschung oder Zufriedenheit zu verfolgen. Zu beobachten, ob sie etwas erreicht hat, zu diskutieren, warum nicht, oder wie mit dem nächsten Wurf alles zum Besseren gekehrt werden kann. Und dabei immer die Konkurrenz im Nacken, die stichelt, großzügig berät und, wenn man nicht aufpaßt, den Sieg einheimst.

Alles das in ruhiger, freundschaftlicher Atmosphäre, mit genügend Zeit, nachzudenken und sich zu konzentrieren. Aber doch mit einem bißchen Druck.

So viel, daß man vergißt, was eben noch im Büro, bei der Arbeit, vielleicht auch bei einem häuslichen Problem wichtig war. Aber auch nicht so ernsthaft, daß man sich nach einer Niederlage ernstlich geknickt fühlen müßte. Oder? Waren das wieder die dummen Fehler von gestern? Ist dieser Gegner denn nie zu schlagen?

Gut, die Niederlage kann man verschmerzen, auch das Eis oder Bier, das man eventuell verloren hat. Morgen gibt es vielleicht eine Gelegenheit zur Revanche.

Die Zeit geht bei dieser Beschäftigung schnell vorbei, schneller als beim Fernsehen. Die frische Luft und die Bewegung zeigen ihre erholsame Wirkung.

Einige freilich fassen das tägliche Spiel als Übung auf. Sie wollen mehr, haben immer im Blick, ihre Kräfte in Wettbewerben mit geübteren und ausgebufteren Spielern zu messen.

Die Tuniere, die der Verein veranstaltet oder zu denen andere einladen und bei denen ein ganzes Wochenende wie im Fluge vergeht, finden großen Anklang. Sind sie doch zugleich Feste im Kreis alter Freunde und Bekannter. Quer über Deutschland spannen sich diese Pétanque-Freundschaften. Und dann die großen Veranstaltungen wie Meisterschaften, Ausscheidungen für internationale Wettbewerbe. Mit ein bißchen Talent, etwas mehr Übung und freien Wochenenden kann man in der noch kleinen deutschen Pétanque-Gemeinde schon ziemlich weit kommen. Aber die Konkurrenz nimmt zu.

Das Schöne ist, daß sich so allmählich der Blick von der zähen Bemühung um die Kugel und das eigene Können zum Vergleich mit anderen Spielarten und Spieltaktiken weitet, daß man bemerkt, daß dieses Spiel in anderen Regionen Deutschlands und Europas anders gespielt wird und andere Geschichten hat.

Vor Jahren, als man es in Südfrankreich in Urlaubsstimmung kennenlernte, beschloß man, es mitzunehmen, zur Erinnerung an die Sonne vielleicht und an die Freiheit, die man gerade genoß. Jetzt, nachdem man gelernt hat, mit dem Spiel umzugehen, versteht man besser, wie vielfältig seine Erscheinung dort ist – und was man noch alles mit diesen rollenden und fliegenden Kugeln anstellen kann.

Und die sind einfach gut anzusehen mit ihren dunklen oder silbrigen oder gelben Tönungen.

Auch gut anzufassen, so daß man sich fühlt wie ein Handwerker mit seinem vertrauten Werkzeug. Kaum hat man sich daran gewöhnt, wird man gewahr, daß auch der Kopf gefordert ist, und eh man sich's versieht, ist man in eine ganz alte Geschichte verstrickt.

Dieses Buch will die vielen verschiedenen Seiten deutlich machen:
Das Spiel und seine Technik, seine Regeln – eine etwas trockene Materie, wie Regeln nun mal sind – seine gegenwärtige Bedeutung und seine Geschichte.

Pétanque – ein Überblick

Pétanque spielt man mit etwa faustgroßen, hohlen Metallkugeln, die meistens aus Stahl gefertigt sind.

Sie werden auf den Boden geworfen, den man vorfindet, also nicht für das Spiel vorbereitet. Bevorzugt wird eine feste Oberfläche mit Sand oder kleinen Steinen, es kann aber auch eine Grasnarbe oder, anderes Extrem, Straßenpflaster oder Asphalt sein.

Es spielen zwei Spieler oder zwei Mannschaften – mit zwei oder drei Spielern – gegeneinander. Jede Mannschaft hat sechs Kugeln, Einzelspieler haben drei.

Der Grundgedanke des Spiels ist, diese Kugeln so nah wie möglich an eine kleine Holzkugel – das Ziel oder Schweinchen – heranzubringen.

Der Zweck des Spieles ist erreicht, wenn eine der Mannschaften eine vorher festgelegte Punktzahl – meistens dreizehn – gewonnen hat. Das Spiel unterteilt sich in mehrere Spielabschnitte, die Aufnahmen.

Das Spiel beginnt aus einem kleinen, auf den Boden gezeichneten Kreis, in dem der Spieler mit beiden Füßen stehen muß. Durch Losentscheid erhält am Anfang eine der Mannschaften das Recht, das Ziel zu werfen. Es muß in einer Distanz von sechs bis zehn Metern vom Kreis liegen bleiben. Ein Spieler derselben Mannschaft, die das Ziel geworfen hat, hat das Recht, die erste Kugel zu spielen.

Anschließend ist ein Spieler der gegnerischen Mannschaft an der Reihe. Er versucht, seine Kugel näher an das Ziel zu bringen. Er und seine Mannschaft werfen so lange, bis sie die bessere Position erreicht, d. h. den Punkt gemacht haben.

Danach wechselt die Pflicht zu spielen wieder zur anderen Mannschaft.

Hat eine Mannschaft keine Kugeln mehr, so spielt die andere ihre restlichen Kugeln und versucht, so viele Punkte wie möglich zu machen.

Dieser Schuß, Kugel A hat Kugel B getroffen, wird ein Volltreffer (carreau).

9

Eine Aufnahme ist beendet, wenn alle Kugeln gespielt wurden. Jetzt wird gezählt – und eventuell gemessen – wieviele Kugeln der einen Mannschaft näher am Ziel liegen als die beste der gegnerischen Mannschaft. Jede dieser Kugeln gilt als Punkt. Sind die besten Kugeln beider Mannschaften gleich weit vom Ziel entfernt, so endet die Aufnahme mit Null, d. h. es werden keine Punkte vergeben.

Mit Ausnahme der Grundregel – beide Füße müssen den Boden berühren – kennt das Spiel keine Vorschriften für die Körperhaltung. Man kann stehen oder hocken. Sinnvoll ist, beim Wurf den Körper entspannt und in gutem Gleichgewicht zu halten. Typisch ist eine leichte Beugung nach vorn. Die Kugel liegt beim Abwurf so in der Hand, daß sie zum Boden weist, d. h. bedeckt ist.

Um den Punkt zu erreichen, kann man zwischen drei Vorgehensweisen wählen:

Legen: Die eigene Kugel näher an das Ziel rollen lassen.

Schießen: Die gegnerische Kugel mit einem gezielten Wurf aus ihrer guten Position wegstoßen.

Das Ziel spielen: Das hölzerne Zielkügelchen mit einer Spielkugel so anstoßen, daß es von gegnerischen Kugeln weg und zu eigenen hinrollt.

Der Reiz und der hohe Unterhaltungswert des Spieles ergeben sich schon aus der Vielzahl der Variationen, die die unterschiedlichen Vorgehensweisen bei der Anzahl der Kugeln möglich machen: sechs Spielkugeln pro Mannschaft plus ein Zielkügelchen bieten viel Anlaß zu Erörterungen über die jeweils richtige, nächste Maßnahme. Der Reiz erhöht sich durch die Auswirkungen, die kleinste Details der Bodenoberfläche auf das Rollen oder Springen der Kugeln haben.

Die Vielzahl der Probleme, die sich vor jedem Wurf stellen können, machen Pétanque zumindest innerhalb einer Mannschaft zu einem kommunikativen Spiel, bei dem Diskussionen leicht mehr Zeit einnehmen als der Wurf der Kugel.

„Retro" des Petit Marceau

Der Spielzug zeigt besonders schön, wie beim Pétanque taktische Überlegung und spieltechnisches Können erfolgreich kombinierbar sind:

Der Spieler Le Petit Marceau machte am Ende einer Aufnahme mit seiner letzten Kugel einen spektakulären Schuß, mit dem er für seine Mannschaft vier Punkte gewann, die genügten, um beim Stand von neun Punkten das Spiel mit dreizehn Punkten zu gewinnen.

Seine Mannschaft hatte mit der links vom Ziel liegenden Kugel den Punkt, drei Kugeln lagen ziemlich wertlos weit vor dem Ziel. Er kündigte an, daß er auf die hinter dem Ziel liegende gegnerische Kugel schießen werde, so daß die Schießkugel zurückrollen und dabei das Ziel zu den drei eigenen Kugeln mitnehmen werde. Dabei sollte auch sie selbst noch einen Punkt machen.

Der Schuß gelang. Der kühne Spielzug ist in die Annalen des Pétanque eingegangen.
(nach Foyot)

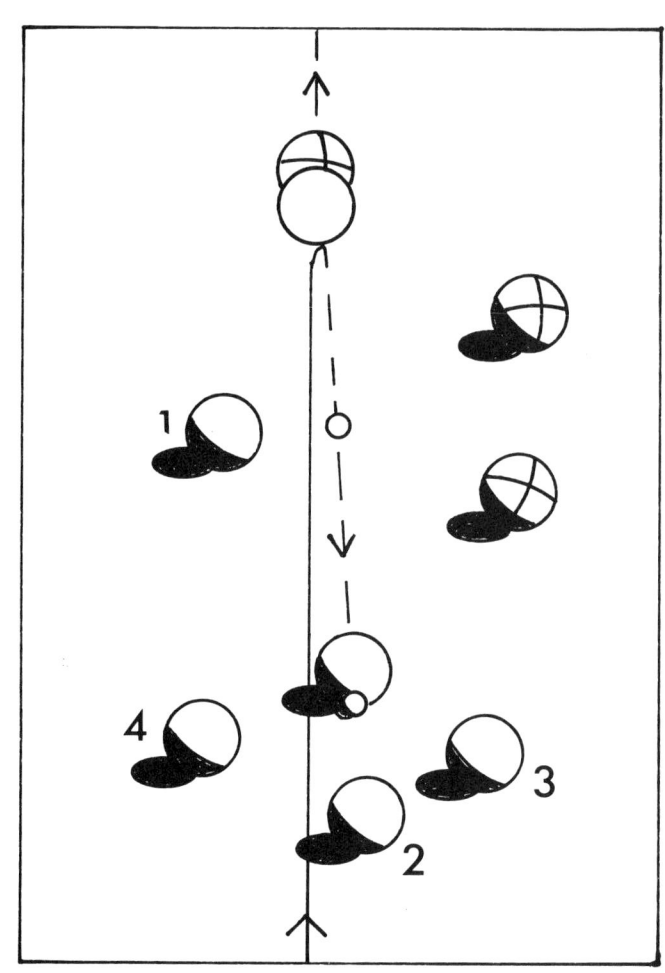

So begrüßt der Club am Entstehungsort des Pétanque-Spiels in La Ciotat, seine Gäste

Zur Geschichte und Entstehung des heutigen Pétanque-Spiels

(über weitere und ältere Boule-Spiele, Bowls und Boccia wird ausführlicher auf S. 95 bzw. 102 berichtet.)

Pétanque gehört zu einer Gruppe von Spielen, von denen einige französische Boule-Spiele (neben Pétanque insbesondere noch Jeu Provençal und Boule Lyonnaise), das italienische Boccia und das britische Bowls heute am bekanntesten und verbreitetsten sind.
Im 19. Jahrhundert waren Spiele dieser Art in Italien, Großbritannien und Frankreich als Volkssportarten mit regional unterschiedlicher Beliebtheit und mit lokal variierenden Regeln anzutreffen. In der zweiten Hälfte des Jahrhunderts begannen sie dann, größere Bedeutung zu gewinnen. Das äußerte sich im Austragen von Wettbewerben, in der Gründung von Clubs und Verbänden, sowie insbesondere in der Vereinbarung überregional verbindlicher Regeln.
Hierzu einige Daten:

1849 wurden in Schottland für Bowls Regeln aufgestellt, die noch heute weitgehend gültig sind. 1890 gründeten schottische Auswanderer in Australien einen Verband. 1892 wurde in Schottland selbst, 1893 in England ein Verband ins Leben gerufen.
In Frankreich wurden etwa 1865 Regeln für Boule Parisienne (Boule de berges) entwickelt. Die ersten Regeln für Boule Lyonnaise vereinbarte man 1894 bei einem Turnier in Lyon, 1906 folgte die Gründung eines Verbandes für dieses Spiel.
Aus Boule Lyonnaise entstand, mit einfacheren Regeln und kleineren Kugeln, um 1907 das Jeu Provençal (provenzalisches Spiel).
Durch weitere Vereinfachung der Regeln dieses Spiels entwickelte sich 1910 das Jeu de Pétanque, dem dieses Buch gewidmet ist.
In Italien wurde 1897/98 in Rivoli und Turin der erste regionale Bocciaverband (Piemont) gegründet, dem erst 1926 ein nationaler, italienischer Verband folgte.

Die Entstehung von Pétanque

Pétanque, so wird überliefert, entstand in der kleinen Hafen- und Werftenstadt La Ciotat, die etwa 30 km östlich von Marseille liegt. Berichtet wird: Einige Spieler beschäftigten sich auf dem Bouleplatz der Stadt (an der heutigen Avenue de la Pétanque gelegen) mit dem bewegungsreichen Jeu provençal. Jules Le Noir, der zu dem Kreis gehörte, aber wegen einer Gehbehinderung nicht mitmachen konnte – ob Rheuma oder ein Unfall die Ursache war, ist unsicher – saß auf einer Bank und schaute zu. Schließlich begann er sich den Unmut, nur zuschauen zu können, damit zu vertreiben, daß er seine Kugeln auf die sehr kurze Distanz von nur drei Metern warf. In einer Spielpause kam sein Freund Ernest Piotet hinzu und leistete ihm bei dem neuen Zeitvertreib Gesellschaft. Andere schlossen sich an.

Erinnerungsplakette auf dem Bouleplatz von La Ciotat

Mit der Zeit einigte man sich darauf, aus dem Abwurfkreis, stehend, auf sechs Meter Distanz zu spielen. Gleichzeitig wurden weitere Regeln entwickelt, die vom Provenzalischen Spiel abwichen. Das geschah im Juni 1910. An das Ereignis erinnert heute eine Tafel an der Mauer des Pétanque-Platzes von La Ciotat. Das Spiel gewann schnell Freunde in Marseille und in der ganzen Provence. Piotet war sein eifrigster Verfechter und bemühte sich um seine nationale Anerkennung, die er in der Bildung einer Pétanque-Sektion im französischen Boule-Verband gesehen hätte, der damals von den Spielern des Boule Lyonnaise beherrscht wurde. Nach der letzten Ablehnung seines Antrags überredete er 1943 die Spieler des Provenzalischen Spiels, gemeinsam mit Pétanque einen neuen Verband zu gründen. Aus politischen Gründen konnte dieser Beschluß erst nach Kriegsende 1945 verwirklicht werden.

Bis in die 50er Jahre blieb Pétanque im Wesentlichen ein regionales Spiel in der Provence und im Süden Frankreichs. Der innerfranzösische Tourismus an die Côte d'Azur machte danach das Spiel in ganz Frankreich etwas bekannter. Seinen wirklichen Wachstumsimpuls erhielt es aber erst Anfang der 60er Jahre, als die repatriierten Algerienfranzosen im ganzen Land die Einheimischen zum Spielen anregten. Diese Entwicklung läßt sich anhand der Verkaufszahlen für Pétanque-Kugeln nachweisen.

In den letzten zwanzig Jahren dürften die Promotionsanstrengungen der Kugelhersteller zusammen mit der seit 1969 sehr aktiven Führung des französischen und des internationalen Verbandes zur Ausbreitung des Spiels wesentlich beigetragen haben. Der französische Verband gibt heute an etwa 500 000 Spieler Lizenzen aus, die zur Teilnahme an Wettbewerben berechtigen. Schätzungen besagen, daß fünf bis acht Millionen Franzosen Pétanque spielen. Dem internationalen Verband gehören inzwischen 27 Länder an. (s. auch Kapitel: Internationale Aktivitäten).

In Deutschland haben nach dem Zweiten Weltkrieg Spiele wie Boccia, Boule Lyonnaise und Pétanque Anhänger gefunden. Frühere Traditionen mit ähnlichen Kugelspielen aus Deutschland sind nicht bekannt. Für die Einbürgerung der Spiele werden insbesondere Urlaubserfahrungen und die engeren Kontakte zwischen den westeuropäischen Ländern nach dem 2. Weltkrieg als Ursachen genannt. 1963 fanden sich Pétanque-Spieler zum ersten Mal in einem Verein zusammen, nämlich dem

Boule-Club-Pétanque in Bad Godesberg (laut Kölner Rundschau v. 7.2.1965). Pétanque fand seine erste nationale Repräsentanz im 1980 gegründeten Deutschen Kugelsportverband, doch machten sich die Spieler bald wieder selbständig und sind heute im Pétanque-Verband mit Sitz in Köln organisiert.

Neues Spiel: Boule
Klub in Bad Godesberg gegründet

Internationales Gepräge zeigt die Diplomatenstadt Bad Godesberg neuerdings nicht nur bei den berühmten Cocktailempfängen in der Redoute, sondern auch an schönen Samstagnachmittagen auf dem Rathausplatz: Franzosen und Deutsche spielen dort gemeinsam, meist umringt von einer Traube interessierter Zuschauer, ein Kugelspiel, das sonst die deutschen Frankreich-Urlauber nur von ihren Spaziergängen im Bois de Boulogne oder aus dem Straßenbild südfranzösischer Städte kannten: Boule.

Franzosen spielten auf dem Rathausplatz von Bad Godesberg Boule. Das machte Schule. ®-Foto

Pétanque und Provenzalisches Spiel

Die Popularität des Pétanque-Spiels läßt sich zu einem guten Teil aus der relativ leichten Erlernbarkeit der Bewegungsabläufe erklären. Das kann durch einen Vergleich mit dem Provenzalischen Spiel verdeutlicht werden.

Zunächst die Gemeinsamkeiten: Bei beiden sind Spielkugeln und Ziel von gleicher Größe und gleichem Material, es sind die gleichen Mannschaftsformationen möglich und zugelassen, man spielt aus einem Abwurfkreis. Beide kennen die Vorgehensweisen des Legens und Schießens. Legen (frz. pointer) bedeutet, eine Kugel so nah wie möglich an das Ziel heranwerfen, Schießen (frz. tirer) nennt man das Wegstoßen einer gut plazierten Kugel durch einen gezielten Wurf. Die zum Sieg benötigte Punktzahl und die Zählweise entsprechen sich bei beiden Spielen ebenfalls.

Die Unterschiede liegen in der Spieldistanz und in den Bewegungsabläufen, die für das Legen und Schießen vorgeschrieben sind:

Während bei Pétanque das Ziel zu Beginn der Aufnahme zwischen sechs und zehn Metern vom Kreis entfernt zu liegen hat, sind beim Provenzalischen Spiel fünfzehn bis einundzwanzig Meter vorgeschrieben, weshalb es auch als langes Spiel (frz. la longue) bezeichnet wird. Während bei Pétanque der Spieler im Kreis steht oder hockt, hat er beim Provenzalischen Spiel komplizierte Bewegungen auszuführen:

Beim Legen muß er einen Schritt aus dem Kreis heraustreten − meist seitlich, um eine optimale Wurfbahn zu finden − und kann das zweite Bein auf dem Boden im Kreis belassen. Hebt er es aber ab, so darf er es erst wieder niedersetzen, wenn die Kugel gespielt ist. Typischerweise steht der Leger daher auf einem Bein.

Der Schießer hingegen muß drei Schritte aus dem Kreis herauslaufen − in Richtung der zu schießenden Kugel − und beim dritten Schritt seine Kugel spielen. Der Wurf wiederum ist nur gültig, wenn die Kugel in mindestens einem Meter Distanz von dem angekündigten Zielobjekt aufschlägt.

Liegen beim Provenzalischen Spiel die Akzente stärker auf Kraft, Beweglichkeit und athletischer Körperbeherrschung, die den Erfolg insbesondere beim Schießen von ausdauerndem Training abhängig machen, so garantiert die ruhige Körperhaltung beim Pétanque höhere Erfolgschancen auch beim Schießen, selbst bei geringer Übung. Legen und Schießen erhalten einen gleichwertigen Anteil am Spiel. Die insgesamt erhöhten Chancen, vorher überlegte Spielzüge auch verwirklichen zu können, lassen Fragen der Spieltaktik einen größeren Stellenwert gewinnen.

Der Name — Ped tanco

Die Körperhaltung des Pétanque-Spielers hat dem Spiel seinen Namen gegeben. Pétanque ist abgeleitet aus dem erst seit etwa 1930 bekannten, französischen Begriff pied tanqué, der vom provenzalischen ped tanco stammt. Ped tanco heißt übersetzt: „auf dem Boden fixierter Fuß".

Die Spielregeln verlangen dementsprechend, daß die Spieler ihre Füße von deren Platz im Kreis erst vollständig abheben dürfen, wenn die gespielte Kugel den Boden berührt hat.

Spielgelände und Spielfeld

Ein trockener, fester Platz mit ein paar Bäumen, die Schatten spenden, wenn die Sonne heiß scheint, das ist die ideale Umgebung für ein Pétanque-Spiel. In der Provence finden sich diese Plätze meist in der Nähe eines Cafés oder einer Bar, wo nach dem Spiel Sieger und Besiegte die Freundschaft bei einem Gläschen wieder besiegeln können.

Aber Pétanque braucht diese Umgebung nicht notwendigerweise. Man spielt es auf jedem Gelände, das erlaubt, den Verlauf des Spiels in allen Phasen gut zu überblicken. Bevorzugt wird unbewachsener Boden, aber auch ein kurzer Rasen oder ein Waldboden mit Nadelbelag kann sich eignen. Meistens werden festgefahrene Wege, Plätze oder Höfe mit Sand-, Kies- oder Schotteroberfläche gewählt. Löcher, Auswaschungen, Rillen machen das Spiel für den Leger schwieriger, aber auch reizvoller.

Legen beim provenzalischen Spiel

Abschüssige Flächen, auf denen die Kugeln oft erst am Ende der Neigungen liegen bleiben, sind bei Legern nicht so beliebt und verschieben den Akzent des Spiels auf das Wegschießen jeder halbwegs gut plazierten gegnerischen Kugel. Große Asphalt- oder Betonflächen werden ebenfalls selten gewählt, weil hier die Kugeln zu stark rollen oder springen. Immer häufiger anzutreffen sind künstlich angelegte Spielflächen (frz. boulodrome), die nach der Zunahme des Autoverkehrs in

grenzten Felder. Dennoch besteht die Notwendigkeit, die absoluten Grenzen zwischen erlaubtem und unerlaubtem Gelände klar zu ziehen. Üblich ist, Kugeln, die künstliche Bauwerke (Mauern, Gartenbänke usw.) berühren oder die in Blumenrabatten oder unter Büsche laufen, als ungültig („tot") zu erklären. Hingegen wird meistens toleriert, daß Kugeln Bäume oder deren Holzstützen berühren; sie bleiben dann gültig, auch wenn ihre Richtung sich durch den Aufprall geändert hat.

Frankreich von Clubs als Ersatz für die zu Parkplätzen gewordenen öffentlichen Plätze gebaut wurden. Sie haben oft eine glatte, befestigte Oberfläche mit feinkörnigem Sand- oder Kiesbelag. Im Norden Frankreichs sind diese Flächen zunehmend überdacht, zum Schutz gegen Regen und Schnee.

Spielfeld

Ein wichtiges Thema ist die Begrenzung des Spielfeldes.
Bei Wettbewerben werden rechteckige Flächen abgesteckt, die mindestens 4 x 15 m Seitenlänge haben müssen. Das Spiel soll in diesen Feldern durchgeführt werden, die Kugeln werden aber meistens noch als gültig akzeptiert, wenn sie in die unmittelbar angrenzenden Felder laufen. Alle anderen Flächen sind unerlaubtes Gelände und Kugeln, die dorthin rollen, werden ungültig erklärt.
Bei Freundschaftsspielen gibt es keine be-

Wetter

Am angenehmsten ist das Pétanque-Spiel bei warmem, trockenem Wetter, und zwar nicht nur wegen der Bequemlichkeit, sondern auch weil das durchs schlechte Wetter geminderte körperliche Wohlbefinden den Spielerfolg behindert. Mit klammen Fingern spielt man ungenau.
Dennoch wird das Wetter von Pétanque-Spielern meistens so genommen, wie es kommt. Ein Regenschauer führt höchstens zu einer kurzen Unterbrechung. Dagegen hat es schon Wettbewerbe gegeben, die trotz strömendem Dauerregen nicht abgebrochen wurden. Es gibt sogar Turniere, die regelmäßig zu Weihnachten auch bei Frost und auf festgetretenem Schnee bei einer großen Zahl hartnäckiger Teilnehmer sehr beliebt sind.

Spieler, Mannschaften, Rollenverteilung

Von Pétanque wird niemand enttäuscht. Mit seinen leicht erlernbaren Grundregeln kann es ein geselliger Freizeitspaß sein, auch für unerfahrene Spielerinnen und Spieler, die nur gelegentlich zu den Kugeln greifen. Als spannendes Wettkampfspiel verlangt es dagegen Konzentrationsfähigkeit sowie gute Kondition und setzt viel Übung voraus. Es ist populär, weil es viele Motive anspricht und für Teilnehmer mit unterschiedlichen Graden des Könnens und der Übung immer abwechslungsreich und reizvoll bleibt.

Die Mindestanforderungen sind gering: Man muß über die Kraft verfügen, eine etwa 700 Gramm schwere Kugel über eine Strecke von sechs bis zehn Metern zu werfen oder zu rollen. Für Kinder ab etwa sieben Jahren und für Erwachsene also kein Problem. Nur allerschwerste Formen der Körperbehinderung schließen ein Mitmachen aus. Für junge Spieler sehen die Regeln kürzere Distanzen vor, für Behinderte angemessene Erleichterungen, wie z. B. Aufstützen mit der Hand.

In der Praxis findet Pétanque bei Männern und Frauen ein unterschiedliches Interesse. In der Vergangenheit war es wie verwandte Spiele (vielleicht mit Ausnahme von Bowls) fast ausschließlich ein Betätigungsfeld für Männer. Doch scheint sich das gegenwärtig deutlich zu ändern. Waren in Frankreich 1975 nur drei Prozent der Lizenzen an Frauen ausgegeben, so hatte sich die Zahl 1984 auf acht erhöht, im Elsaß sogar auf vierzehn. In Deutschland können bei Wettbewerben noch höhere Teilnahmequoten für Frauen beobachtet werden. An den 1985 in Frankfurt ausgetragenen Deutschen Meisterschaften hatten sich bei insgesamt 345 Teilnehmern 55 Frauen gemeldet, also sechzehn Prozent. Das tatsächliche Interesse am Spiel liegt wohl noch deutlich darüber, z. B. hat der Frankfurter Pétanque-Club 16 weibliche Mitglieder bei 70 insgesamt.

Die ersten deutschen Spieler sahen in dem Spiel häufig den Ausdruck einer geselligen und unkomplizierten, gallischen oder gar süd-französischen Lebensart, dem „savoir-vivre", von dem sie auch zu Hause ein Stück für sich verwirklichen wollten. Inzwischen haben sich mit zunehmender Verbreitung neue Mitspieler gefunden, die mehr den Reiz des Spiels selbst als seine Herkunft im Auge haben. Zugleich hat der Gebrauch der französischen Fachausdrücke stark nachgelassen.

Mannschaften

Es gibt drei Mannschaftsformationen, die bei Wettbewerben zugelassen sind und auch in Freundschaftsspielen regelmäßig angewendet werden:
– Die Dreiermannschaft (frz. triplette). Sie ist die traditionelle Mannschaftsform und besteht aus drei Spielern, die je zwei Kugeln haben. Jede Mannschaft hat also sechs Kugeln.

Die beiden weiteren Formen wurden erst 1966 offiziell anerkannt und für die französischen Meisterschaften zugelassen:

– Das Einzel (frz. tête-à-tête). Zwei Einzelspieler spielen gegeneinander, jeder mit drei Kugeln.
– Das Doppel (frz. doublette). Die Mannschaft besteht aus zwei Spielern, von denen jeder drei Kugeln hat, zusammen also sechs.

Bei Freundschaftsspielen werden oft, um allen Anwesenden zu ermöglichen mitzuspielen, noch weitere Kombinationen gebildet. Häufig geschieht das allerdings nur vorübergehend, bis mit neu Hinzugekommenen reguläre Mannschaften entstehen können. Grundregel bleibt, daß beide Mannschaften über dieselbe Kugelzahl verfügen. Folgende Konstellationen lassen sich beobachten:

– zwei gegen drei mit je sechs Kugeln pro Mannschaft
– einer gegen zwei mit je sechs Kugeln pro Mannschaft
– drei Einzelspieler mit je drei Kugeln, die gegeneinander spielen. Eine zur Übung reizvolle, aber ungeliebte Notlösung.

Rollenverteilung in den Mannschaften

Auf der Basis der verschiedenen Vorgehensweisen des Legens und des Schießens wird fast regelmäßig eine Rollenverteilung nach Neigung und Können verabredet. Es gibt den Leger (frz. pointeur), der immer die erste Kugel spielt, und den Schießer (frz. tireur), der später – wann immer nötig – eingreift oder seine Kugeln zuletzt legt, wenn seine Schießkünste nicht gefordert wurden. Mannschaftsform und Spielsituation können allerdings Abweichungen von dieser strikten Rollenverteilung erforderlich machen: Beim Einzel muß der Spieler beiden Rollen gerecht werden. Beim Doppel muß im Bedarfsfall auch der Leger schießen. Allein in der Dreiermannschaft lassen sich die Rollen von Leger und Schießer gut durchhalten, weil der Mittelspieler (frz. milieu), wenn nötig, die eine oder die andere Rolle übernimmt und deshalb beide Wurfarten beherrschen sollte. Deshalb spielt oft der erfahrenste Spieler in der Mitte und übernimmt zudem die Funktion des Mannschaftskapitäns.

Abweichend von diesen üblichen Rollenzuweisungen sieht man gelegentlich bei Freundschaftsspielen Doppel, in denen zwei Spieler ihre drei Kugeln nacheinander spielen und jeder nach Bedarf legt oder schießt. Dabei wechseln sie von Spielabschnitt zu Spielabschnitt ihre Positionen als erster und zweiter.

Spielablauf und Spielregeln

Die Grundregeln des Spiels sind sehr einfach, im Laufe des variantenreichen Spieles können jedoch eine Vielzahl von regelungsbedürftigen Situationen entstehen. Die offiziellen Regeln des Internationalen Pétanque-Verbandes machen deshalb einen ziemlich komplizierten Eindruck, der auch ein wenig die Darstellung in diesem Kapitel prägen wird. Es ist daher ratsam, die als Regelkatalog bezeichneten Teile als eine Nachschlage-Möglichkeit aufzufassen, die erst dann wichtig wird, wenn während des Spiels umstritten ist, wie man weitermachen soll.

Vorab aber einige Worte zum Sinn der Regeln und zu ihrer Anwendung:
Es sind Regeln des Fair Play, die minutiös darauf achten, daß jede Mannschaft die gleichen Chancen hat und daß jeder Spieler ungestört seine Fähigkeiten entfalten kann. Sie verfolgen den Zweck, insbesondere in Wettkampfsituationen Streitfälle schnell und endgültig zu klären. Dabei ist nicht nur jede Mannschaft gehalten, regeltreu zu spielen, sondern auch dafür zu sorgen, daß sie durch Regelverletzungen des Gegners nicht benachteiligt wird. Läßt sie etwas durchgehen (wofür das Weiterspielen als Beweis gilt), so verliert sie ihr Einspruchsrecht, und der Streit über Vergangenes entfällt. Bevorzugt wird eine friedliche Einigung unter den Kontrahenten, erst bei unauflösbaren Meinungsverschiedenheiten oder bei völlig neuen Fragen entscheidet der Schiedsrichter. Diese Flexibilität bei der Regelanwendung bietet je nach Temperament und Situation einen breiten Spielraum, der als Teil der psychologischen Beeinflussung des Gegners genutzt werden kann. Man kann im Interesse der angenehmen Stimmung tolerant sein, wie wohl meistens bei Freundschaftsspielen, oder in der Not des unglücklichen Spielverlaufs den Gegner durch plötzliche Genauigkeit aus dem Rhythmus bringen. Bei Wettkämpfen oder Meisterschaften geht es verständlicherweise genauer und härter zu, und hier hat auch der Schiedsrichter die Möglichkeit, von sich aus — also ungerufen — gegen grobe Verstöße vorzugehen.

Der Spielumfang

Ein Pétanque-Spiel beginnt mit der Auslosung der Mannschaft, die als erste das Zielkügelchen (im weiteren kurz Ziel genannt) werfen darf, und endet, wenn eine Mannschaft die geforderte Punktzahl erreicht hat.

Meistens wird um 13 Punkte gespielt. Die Spiele der Anfangsrunden von Wettbewerben werden oft auf 11 Punkte begrenzt, die Endspiele manchmal auf 15 Punkte erweitert. In Freundschaftsspielen einigt man sich nach Belieben: weniger als 13 Punkte sind selten, Spiele bis 18 oder 21 Punkte sollen vorgekommen sein. Vereinbaren zwei Mannschaften zwei Spiele in Folge, so wird, wenn jede eins gewinnt, häufig noch ein Entscheidungsspiel (frz. la belle) angeschlossen, das dann meistens bis 15 geht.

Ein Spiel setzt sich aus mehreren Aufnahmen (frz. mène) zusammen, die in den offiziellen Regeln Durchgänge genannt werden. Die Aufnahme beginnt mit dem Wurf des Ziels und ist beendet, wenn alle Kugeln gespielt wurden, aber auch wenn das Ziel in unerlaubtes Gelände rollt, unsichtbar oder unauffindbar wird. Ein Spiel um 13 Punkte hat mindestens 3, höchstens 25 Aufnahmen und kann von etwa 30 Minuten bis zu 3 Stunden dauern. Schnell geht es, wenn eine Mannschaft mit sechs Kugeln zweimal nacheinander sechs Punkte und dann noch einmal einen gewinnt, langsam wenn pro Aufnahme nur ein Punkt verteilt wird und die Mannschaften bis 12:12 gleichziehen. Für den ersten Fall der schmählichen 13:0 Niederlage hat sich der Ausdruck „Fanny" eingebürgert (s. Kapitel „Das Spiel in Frankreich").

Ein Spiel kann nicht unentschieden ausgehen. Bei einer Aufnahme ist dies dagegen möglich. Sie wird dann nicht gewertet (annulliert), wenn an ihrem Ende die beiden besten gegnerischen Kugeln gleich weit vom Ziel entfernt sind oder wenn beide Mannschaften noch über Kugeln verfügen, nachdem das Ziel unsichtbar geworden oder ins Aus gerollt ist.

Auslosung und Terrainwahl

Mit der Auslosung wird die Mannschaft bestimmt, die als erste das Ziel werfen darf. Außer in Wettbewerben, bei denen oft die Spielfelder für die Paarungen im voraus festgelegt werden, ist damit zugleich das Recht verbunden, das Spielgelände auszusuchen.
Eine vorgeschriebene Art des Auslosens gibt es nicht. Es ist jedoch stilvoll, dazu je eine Kugel der Mannschaften und das Ziel zu benutzen. Sie werden gemeinsam hochgeworfen, und von den danach auf dem Boden liegenden Kugeln hat die gewonnen, die dem Ziel am nächsten lag. Bei Freundschaftsspielen werden auf diese Weise oft auch Mannschaften zusammengestellt. Jeder Spieler gibt eine Kugel zum Hochwerfen, und es spielen anschließend z. B. die drei dem Ziel näheren gegen die drei entfernteren.
Die Wahl des Bodens, auf dem gespielt wird, ist für den Verlauf des Spiels von großer Bedeutung. Das Terrain sollte dem Können der eigenen Mannschaft (insbesondere des Legers) entgegenkommen und dem Gegner Schwierigkeiten bereiten. Auch innerhalb der begrenzten Felder bei einem Wettbewerb ist die Suche nach dem „richtigen" Feldteil wichtig, weil feine Unterschiede in der Bodenbeschaffenheit schon Auswirkungen haben können.
Die Bedeutung der Eigenschaften des Bodens und seiner Oberfläche für das Springen und Rollen der Kugeln kann nicht überschätzt werden. Geringe Neigungen, Löcher oder Rillen beeinflussen ihren Lauf oder lenken ihn in unvorhergesehene Richtungen. Feuchter und weicher Boden bremst sie, auf trockenem oder hartem rollen sie weit (werden lang). Kiesel, Sand oder Splitt auf der Oberfläche haben unterschiedliche Auswirkungen. Um trotz dieser verschiedenen Einflußgrößen möglichst nahe ans Ziel zu gelangen, ist es wichtig, vor dem Wurf die optimale Bahn und den besten Aufschlagspunkt zu finden und anschließend die adäquate Wurftechnik anzuwenden und zu beherrschen.

Im Verlaufe einiger Aufnahmen zeigt sich bald, wo Spieler Schwächen haben und wie schnell sie sich auf ein Terrain einstellen. Ein

Terrainwechsel kann deshalb den entscheidenden Vorteil bringen, und sei es, weil man damit den Gegner aus dem gerade gefundenen Rhythmus aufstört.

Eine solche Möglichkeit zum Terrainwechsel besteht in begrenzterem Umfang jeweils bei Beginn einer neuen Aufnahme. Der Gewinner der letzten Aufnahme kann das Ziel von der Stelle aus, wo es zuletzt am Boden lag, auf das ihm passende Terrain werfen. Die wenigen Ausnahmen von dieser Regel sind im nächsten Abschnitt erwähnt.

Jeder Spieler verspürt einmal den Wunsch, die vorgefundene Bodenoberfläche für seinen Wurf zu verbessern, etwa Hindernisse auf dem Weg zum Ziel wegzuräumen oder die anvisierte Aufschlagstelle seiner Kugel zu glätten. Die Pétanque-Regeln gebieten dem Einhalt. Grobe Veränderungen des Terrains, wie z. B. Linienziehen, sind grundsätzlich verboten. Hindernisse, wie Steine oder Blätter dürfen nur entfernt werden, bevor das Ziel geworfen wurde. Hat das Spiel begonnen, so ist keine Veränderung mehr erlaubt. Nur noch das Loch, das durch die unmittelbar vorher gespielte Kugel in den Boden gerissen wurde, darf wieder aufgefüllt werden.

Abwurfkreis und Spieldistanz

Vor dem Werfen des Ziels muß der Abwurfkreis auf den Boden gezeichnet werden. Er ist zwischen 35 und 50 cm groß und muß beiden Füßen jedes Spielers genügend Platz bieten.

Es ist nicht erlaubt, die Kreislinie beim Werfen zu übertreten, jedoch wird dieses etwaige kleine Vergehen in der Praxis selten geahndet. Während einer Aufnahme müssen alle Spieler aus demselben Kreis spielen.

Während für die erste Aufnahme des Spiels Wahlfreiheit besteht, wird ab der zweiten Aufnahme der Kreis um die Stelle gezogen, an der das Ziel am Ende der vorhergehenden lag, es sei denn die Partner in einem Freundschaftsspiel einigen sich (selten) anders.

Zu dieser Grundregel sind drei Ausnahmen vorgesehen:
- Lag das Ziel zuletzt zu nah an einem Hindernis (Mauer, Baum, Busch usw.) oder an der Spielfeldgrenze, so muß davon so weit abgerückt werden, daß 1 m Abstand bis zur Kreislinie bleibt.

– Hatte das Ziel das erlaubte Gelände oder das Spielfeld verlassen, so ist der Kreis in 1 m Abstand von der Stelle zu ziehen, an der das Ziel die Grenze überschritt.

– Bleibt z. B. von der letzten Position des Ziels in einem Spielfeld nicht mehr genügend Platz für die volle Spieldistanz (10 m plus mindestens 1 m Abstand des Ziels von der Grenze, s. auch den folgenden Abschnitt „Das Ziel"), so muß der Kreis an einer passenden Stelle gezogen werden.

Die Spieldistanz beträgt mindestens 6, höchstens 10 m, d. h. das Ziel ist so zu werfen, daß es innerhalb dieser Grenzen vom Kreis liegen bleibt. Für Jugendliche und Kinder sind geringere Entfernungen vorgesehen.

Innerhalb dieses Rahmens bieten sich Wahlmöglichkeiten. Kürze oder Länge des Spiels können auf das Ergebnis einen ebenso großen Einfluß haben wie die unterschiedlichen Bodenverhältnisse. Es ist deshalb wichtig, in den ersten Aufnahmen herauszufinden, welche Entfernung dem Gegner liegt oder ihm Schwierigkeiten bereitet, und entsprechend zu wählen. Dabei wird aber empfohlen, ganz zu Beginn nicht zu experimentieren, sondern die dem eigenen Können optimale Distanz zu wählen. Ein Distanzwechsel im späteren Verlauf, der die Umstellungsfähigkeit herausfordert, kann Vorteile bringen.

Position und Verhalten der Spieler

Der Spieler befindet sich beim Abwurf des Ziels und der Kugeln im Kreis. Er darf beide Füße nie ganz vom Boden abheben oder gar den Kreis verlassen, bis Ziel oder Kugeln den Boden berührt haben. Es ist ihm auch nicht erlaubt, in der Zeit zwischen Abwurf und Aufprall der Kugel mit anderen Körperteilen den Boden außerhalb des Kreises zu berühren. Nur für Behinderte sind Ausnahmen möglich. Im übrigen ist er in der Wahl seiner Körperhaltung nicht eingeschränkt. Er kann z. B. die Füße eng oder weit stellen, sich beugen oder in die Hocke gehen.

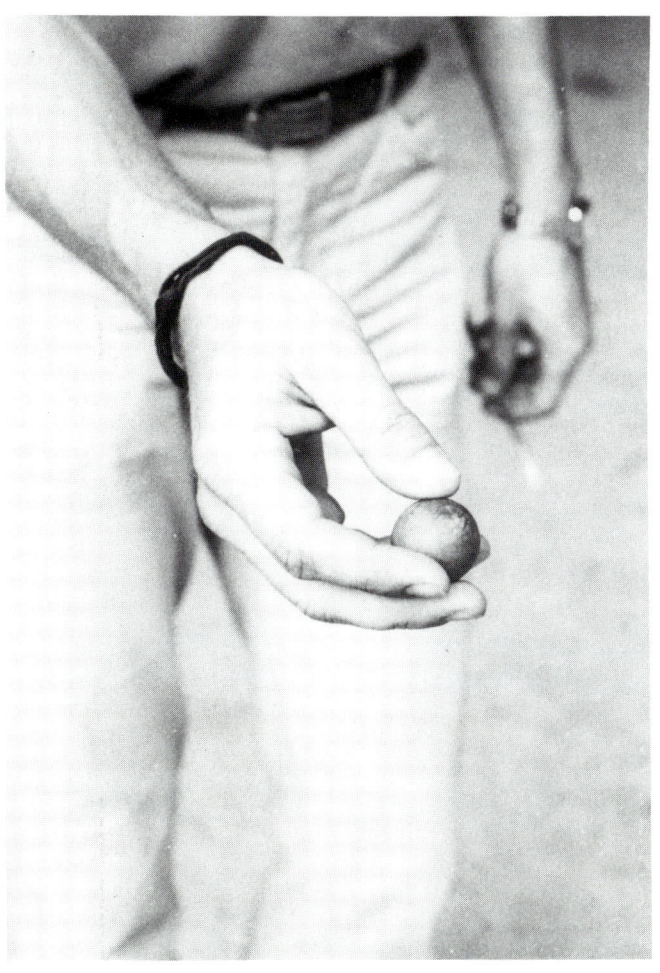

Spieler halten insbesondere beim Schießen gern eine zweite Kugel als Gegengewicht in der nicht benutzten Hand. Sie dürfen dazu nur eine eigene, noch nicht gespielte Kugel verwenden. Mit seiner letzten Kugel darf der Spieler nur ohne ein solches Gegengewicht, also bei leerer zweiter Hand, schießen.

Das Spiel soll zügig und ohne übermäßige Verzögerungen ablaufen. Eine Regel besagt dementsprechend, daß dem Spieler eine Minute Zeit bis zum Spielen seiner Kugel bleibt, nachdem die vorhergehende Kugel zur Ruhe gekommen und festgestellt worden ist, wer dran ist.

Diese kurze Zeitspanne braucht der Spieler aber auch, um sich ausreichend auf seinen Wurf vorbereiten zu können. Er kann daher erwarten, daß die anderen Spieler ihn dabei nicht stören oder ablenken. Die Mindestvoraussetzungen des Fair Play in dieser Phase des Spiels sind in den Regeln festgelegt: Gegnerische Spieler dürfen nur seitlich des Spiels und hinter dem Abwurfkreis stehen und müssen einen Abstand von mindestens zwei Metern einhalten. Sie dürfen den Spieler nicht durch

Unruhe, Reden, Gesten oder z. B. das Fixieren mit den Augen stören oder ablenken. Zwischen Kreis und Ziel dürfen sich nur die eigenen Mannschaftspartner aufhalten, und dies auch nur, um dem Spieler beim Legen den optimalen Aufschlagpunkt für seine Kugel zu zeigen.

Die deutliche Sprache und Ausführlichkeit der Regeln weist auf die praktische Bedeutung des Problems: Genaues Spiel erfordert ein hohes Maß an Konzentration. Störungen und damit Fehlwürfe lassen sich durch kleinste Einflüsse erreichen.

Seien sie nun vom Gegner als unfairer Teil des psychologischen Kampfes beabsichtigt, seien sie aus Unachtsamkeit entstanden, man sollte sich wehren. Selbstverständlich kann man mit dem Wurf warten, bis die Ablenkung aufgehört hat. Wurde man gestört, während die Wurfbewegung schon ablief und nicht mehr zu bremsen war, so kann man Wiedergutmachung, z. B. Wiederholung des Wurfes verlangen.

Wie subtil die Störungsmöglichkeiten sein können und mit welchem Geschick man vorgehen kann, zeigt ein Beispiel: Als in einer entscheidenden Spielphase der als treffsicher bekannte Spieler zum Wurf ansetzte, bat ein Gegenspieler in die Stille hinein leise einen Zuschauer um eine Zigarette. Das leise Wort ließ den Spieler aufmerksam werden und lenkte ihn von seiner Konzentration auf den Wurf ab. Er konnte seine Bewegung nicht mehr bremsen, der Wurf aber mißlang. Natürlich ging wegen dieses Fehlers die Aufnahme verloren. Als der Störer nach dem Spiel auf die Auswirkung seines Verhaltens angesprochen wurde, bedauerte er, gestört zu haben, meinte aber zugleich, daß es falsch gewesen sei, nicht eine Wiederholung des Wurfes verlangt zu haben.

Das Ziel(kügelchen) im Spiel

Die Aufnahme beginnt mit dem gültigen Wurf des Ziels.

Der Wurf ist dann gültig, wenn das Ziel in einem Abstand von sechs bis zehn Metern vom Kreisrand zur Ruhe kommt und dabei mindestens einen Meter von Spielfeld- oder Spielgeländegrenze entfernt ist. Einen ebenso großen Abstand muß es von jedem Hindernis (Mauer, Baum, usw.) haben. Zusätzlich muß es für jeden aufrecht im Kreis stehenden Spieler voll sichtbar sein. Wird es durch ein loses Blatt verdeckt, so kann man diese Sichtbehinderung einfach entfernen. Fällt es in eine Pfütze, so darf es darin nicht frei schwimmen, sondern ist nur gültig, wenn es den Boden berührt.

Gelingt es beim ersten Wurf nicht, diese Bedingungen zu erfüllen, so kann die wurfberechtigte Mannschaft es zwei weitere Male versuchen. Nach dem dritten ungültigen Versuch wechselt das Wurfrecht zur gegnerischen Mannschaft. Macht die dann ebenfalls drei ungültige Versuche, so wandert das Recht wieder zur ersten Mannschaft zurück. Dabei wird ein Wurf nicht mitgezählt, bei dem das Ziel im Flug oder beim Rollen angehalten wurde.

Die gültige Lage des Ziels kann vom Gegner auch noch bezweifelt werden, wenn bereits die erste Kugel geworfen ist. Hat er Recht, so müssen Ziel und Kugel erneut gespielt werden. Diese lästige Unterbrechung des bereits begonnenen Spiels vermeidet man, indem man sich gleich zu Anfang vom Gegner bestätigen läßt, daß er das Ziel akzeptiert. Als Bestätigung der Lage des Ziels gilt auch, wenn der Gegner seine erste Kugel geworfen hat, selbst wenn tatsächlich die Bedingungen nicht erfüllt waren. Auch die Lage eines eigentlich ungültigen Ziels ist dann nicht mehr anfechtbar.

Mit der Auslosung oder aufgrund des Gewinns der vorherigen Aufnahme hat eine Mannschaft das Recht erworben, das Ziel und die erste Kugel zu werfen. Verliert sie nach drei Fehlversuchen das Wurfrecht für das Ziel, so ändert das nichts daran, daß sie die erste Kugel werfen darf. Dieses Recht kann ihr nie genommen werden.

Wird die vorherige Aufnahme annulliert, z. B. weil sie unentschieden ausgegangen ist, so bleibt in der neuen Aufnahme die Mannschaft berechtigt, die vorher das Ziel geworfen hat. Besonders aufwendig werden die Regeln, wenn es sich darum handelt, die häufigen La-

geveränderungen des Ziels im Spielverlauf zu erfassen. Sie sind im folgenden Regelkatalog zusammengefaßt.

Einige der Regeln sind nur anwendbar, wenn man nachweisen kann, wo das Ziel ursprünglich gelegen hat. Dies geschieht durch eine Markierung der Stelle, indem man auf den Boden zwei Linien auf das Ziel zu zeichnet, die miteinander einen rechten Winkel bilden. War das Ziel nicht markiert, so ist es nicht möglich, sich auf die Vorteile zu berufen, die aus den Regeln folgen. Dementsprechend werden Markierungen bei wichtigen Spielen und Wettbewerben beinahe regelmäßig eingetragen, bei Freundschaftsspielen dagegen fast nie.

Regelkatalog für das Ziel

DAS ZIEL WIRD DURCH GÜLTIGE KUGELN BEWEGT:

– Es bleibt an seinem neuen Platz gültig, jedoch mit einigen Ausnahmen (s. den folgenden Absatz).

DAS ZIEL WIRD DURCH EINEN BEWEGLICHEN GEGENSTAND UNSICHTBAR:

– Ein verwehtes Blatt, ein Stück Papier, usw. wird weggeräumt, das Ziel bleibt gültig.
– Verdeckt eine Spielkugel die Sicht, so bleibt das Ziel gültig. Es wird weiter gespielt, obwohl es nicht mehr gesehen werden kann.

DAS ZIEL WIRD UNGÜLTIG:

– Es ist für einen im Kreis aufrecht stehenden Spieler unsichtbar geworden (Ausnahmen s.o.)
– Es ist in eine Pfütze gefallen und schwimmt frei.
– Es ist in verbotenes Gelände gelangt. Nicht verboten ist das angrenzende Spielfeld im Wettbewerb. Das Spiel geht weiter, sobald die dort laufende Aufnahme beendet ist.
– Es entfernt sich auf mehr als 30 m vom Kreis oder nähert sich ihm auf weniger als 3 m.
– Es bleibt nach fünfminütigem Suchen unauffindbar.

DIE FOLGEN EINES UNGÜLTIGEN ZIELS:

– Haben beide Mannschaften noch spielbare Kugeln oder haben beide bereits alle Kugeln gespielt, so wird die Aufnahme annuliert.

– Hat nur eine Mannschaft keine spielbaren Kugeln mehr, so zählen die ungespielten Kugeln der anderen Mannschaft als Punkte, und sie erhält als Gewinner der Aufnahme das Wurfrecht für den folgenden Abschnitt.

DAS ZIEL WIRD DURCH KUGELN BEWEGT, ABER IN SEINEM LAUF AUFGEHALTEN:

– Es behält seine neue Position und das Spiel geht weiter, wenn ein Zuschauer oder der Schiedsrichter es angehalten hat.
– Hat ein Spieler es angehalten, so hat die gegnerische Mannschaft Wahlmöglichkeiten, wenn das Ziel markiert war: Sie kann es auf dem neuen Platz liegen lassen oder an den alten zurücklegen, sie kann aber auch einen dritten Platz aussuchen, indem sie die Linie zwischen altem und neuem Platz über den neuen Platz hinaus verlängert und das Ziel irgendwo auf dieser verlängerten Linie innerhalb des erlaubten Geländes gültig plaziert.

DAS ZIEL WIRD AN SEINEN URSPRÜNGLICHEN PLATZ ZURÜCKGELEGT (nach Markierung):

– Es ist wegen eines Windstoßes oder der Neigung des Bodens erneut fortgerollt, nachdem es bereits zur Ruhe gekommen war.
– Es ist angestoßen worden: unbeabsichtigt durch einen Zuschauer, einen Spieler, den Schiedsrichter, durch eine Kugel oder das Ziel eines benachbarten Spiels, durch ein Tier, durch einen spielfremden beweglichen Gegenstand (z. B. Ball).
– Es ist durch eine ungültige Kugel bewegt worden.

Die Kugeln im Spiel

Ist die Lage des Ziels von beiden Mannschaften akzeptiert, so wird die erste Kugel geworfen. Sie wird gelegt, d. h. der Spieler bemüht sich, sie so nahe wie möglich an das Ziel heranzubringen.

An welchen Platz genau sie soll, ist eine Frage der Spieltaktik. Als optimal gilt, wenn sie in kurzer Entfernung vor dem Ziel liegenbleibt. Denn dann behindert sie den Gegner und kann von ihm womöglich noch unbeabsichtigt näher an das Ziel herangerückt werden. In Frankreich gilt das Wort „Boule devant, boule d'argent", zu deutsch „Die Kugel davor ist aus Silber".

Liegt die erste Kugel, so ist die andere Mannschaft an der Reihe. Sie muß versuchen, eine eigene Kugel näher an das Ziel heranbringen, d. h. den Punkt zu machen.

Liegt die erste Kugel so gut, daß dies kaum möglich erscheint, so kann sie sie auch sofort wegschießen. Bleibt die Schußkugel an der Stelle der geschossenen liegen oder zumindest in der Nähe, so hat die zweite Mannschaft jetzt den Punkt. Andernfalls muß sie nach dem Schuß eine Kugel legen.

Auf jeden Fall spielt die Mannschaft, die den Punkt nicht hat, solange, bis es ihr gelungen ist, mindestens eine Kugel besser zu plazieren, oder bis sie über keine spielbaren Kugeln mehr verfügt.

Danach ist wieder die andere Mannschaft am Zug. Hat nur noch eine Mannschaft spielbare Kugeln, so wirft sie sie nacheinander, um den Punkt zu gewinnen oder ihre Ausbeute weiter zu erhöhen.

Die Situation zu Beginn eines Spieles läßt sich vielleicht durch ein Beispiel plastisch darstellen:

Mannschaft A legt die erste Kugel, so daß sie 30 cm neben dem Ziel liegenbleibt. Da der Weg zum Ziel für B offen bleibt und die Kugel von A nicht sonderlich gut liegt, entschließt sich auch B, die erste Kugel zu legen. Es gelingt gut, sie kommt 20 cm vor dem Ziel zur Ruhe. Will A beim Legen noch Erfolgschancen haben, so muß jetzt die Kugel von B ge-

schossen werden. Der Schuß hat nicht den gewünschten Erfolg, er streift B's Kugel von oben, so daß sie 15 cm zurückrollt, vom Ziel weg in Richtung des Kreises, aber weiterhin noch vor dem Ziel, wenn auch nun in 35 cm Abstand liegt. A hat allerdings mit seiner ersten Kugel, die ja 30 cm seitlich vom Ziel liegengeblieben ist, den Punkt zurückgewonnen. B, die jetzt wieder dran ist, beurteilt die Lage der eigenen Kugel vor dem Ziel immer noch als günstig, und entschließt sich deshalb A's Punkt wegzuschießen. Dies gelingt perfekt. A's Kugel wird weit fortgetrieben, während die Schußkugel etwa 50 cm hinter dem Ziel liegenbleibt. B hat jetzt zwei Punkte, einen vor und einen hinter dem Ziel. A muß nun wie-

der legen, um überhaupt eine Kugel „im Spiel" zu haben.

Gelegentlich geschieht es im Laufe der Aufnahme, daß die beiden besten gegnerischen Kugeln gleichweit vom Ziel entfernt sind oder es berühren. Dann ist die Mannschaft dran, die zuletzt gespielt hat – sie hat ja offensichtlich nicht den Punkt gewonnen. Ändert sich auf diesen Wurf das Patt nicht, so muß die gegnerische Mannschaft werfen und so weiter abwechselnd, bis wieder eine klare Situation entsteht. Hat nur noch eine Mannschaft Kugeln, so hat sie ihr Glück allein zu versuchen.

Innerhalb einer Mannschaft kann jederzeit frei entschieden werden, welcher Spieler in Aktion treten soll. Wer z. B. das Ziel wirft, muß nicht auch die erste Kugel spielen. Oft sieht man den Mittelspieler oder den Schießer das Ziel auf eine für ihn günstige Distanz werfen. Anschließend beginnt dann der Leger.
Eine einmal gespielte Kugel kann nicht zurückgenommen werden, Probewürfe sind nicht erlaubt. Es gibt nur zwei Ausnahmesituationen, in denen Kugeln, die bereits gespielt wurden, in derselben Aufnahme wieder verwendet werden können:
– Ist die Lage des Ziels erst nach dem Wurf

der ersten Kugel erfolgreich beanstandet worden, so darf diese Kugel noch einmal gespielt werden.
– Ist eine Kugel, die sich nach dem Abwurf noch in Bewegung befand, durch ein Tier, einen spielfremden Gegenstand (z. B. Ball) oder durch Kugeln oder Ziel eines benachbarten Spiels angehalten oder in ihrer Bahn abgelenkt worden, so kann sie ebenfalls noch einmal gespielt werden.

Wird versehentlich mit einer fremden Kugel gespielt, so bleibt der Wurf gültig. Nur muß die gespielte Kugel durch eine eigene ersetzt werden, sobald das Versehen bemerkt worden ist. Zu Verwechslungen kann es bei ähnlich aussehenden Kugeln leicht kommen, weil die Spieler ihre Kugeln meist in der Nähe des Kreises (seitlich oder dahinter) liegen lassen. Nach den Regeln kann ein Spieler, der fremde Kugeln – auch die eines Partners – benutzt, verwarnt und im Wiederholungsfall sein Wurf als ungültig erklärt werden. Bei Freundschaftsspielen wird diese Regel äußerst selten angewendet.
Den Kugeln soll kein fremder Stoff anhaften, d. h. sie sollen von Staub, Schmutz oder Feuchtigkeit gesäubert sein. Diese Regel wendet sich insbesondere gegen die Präparierung

mit einer Ölschicht oder Ähnlichem, dank deren eine bessere Bodenhaftung erreicht werden könnte. Solche Manipulationen sind untersagt. Soweit es um Schmutz oder Staub geht, der nach dem Spielen klebenbleibt, liegt es meistens im eigenen Interesse des Spielers, die Kugel vor dem erneuten Gebrauch zu reinigen.

Gelegentlich kommt es vor, daß eine alte oder schlecht verarbeitete Kugel beim Aufprall der Schußkugel zerstört wird, so daß die Teile in der Nähe des ursprünglichen Platzes liegen bleiben. Sie muß dann durch eine ähnliche Kugel ersetzt werden, jedoch stellt sich die Frage, wohin die Ersatzkugel zu legen ist. Die Regel besagt, daß der richtige Platz dort ist, wo das größte Teilstück liegt. Zerfällt sie in die zwei Halbkugelschalen, aus denen sie zusammengeschweißt wurde, so ist eventuell durch genaues Wiegen festzustellen, welche von beiden die schwerere und damit größere ist.
Einen kitzligen Fall dieser Art hatte einmal ein Schiedsrichter während eines Pétanque-Turniers zu entscheiden. Die schwere Halbkugelschale hatte sich über das Ziel gelegt und es verdeckt. Da die Aufnahme noch nicht zu Ende war, konnte er dieser Schale nicht einfach den Punkt geben, sondern mußte sie durch eine Kugel ersetzen. Er entschied sich, diese unmittelbar hinter das Ziel zu legen.

Einen wesentlichen Reiz des Spiels macht es aus, daß mit jedem neuen Wurf die bereits gespielten Kugeln und das Ziel in neue Positionen verschoben werden können. Auch hier gehört zu der Vielfalt der Variationen eine ziemlich komplexe Regelung, die im Folgenden in einem Regelkatalog zusammengestellt ist.

Regelkatalog für Kugeln

Im Interesse der übersichtlicheren Darstellung wird unterschieden zwischen direkt bewegten (d. h. durch die gerade gespielte Kugel) und indirekt bewegten (d. h. aus ihrer schon erreichten Ruhelage angestoßenen) Kugeln, die ihrerseits wieder weitere Kugeln verschieben können. Zu beachten ist weiter, daß einige der Vorteile, die die Regeln vorsehen, nur geltend gemacht werden können, wenn die Lage der Spielgegenstände vorher markiert war (s. Seite 28).

KUGELN WERDEN DURCH EINE GÜLTIGE KUGEL BEWEGT:

- Sie bleiben, gleichgültig ob direkt oder indirekt bewegt, gültig, es sei denn, sie laufen in unerlaubtes Gelände.

KUGELN WERDEN IN IHRER BEWEGUNG ANGEHALTEN ODER ABGELENKT:

- Wird eine direkt gespielte Kugel durch ein Tier, einen spielfremden Gegenstand oder durch Kugeln oder Ziel eines benachbarten Spiels in ihrem Lauf beeinflußt, so wird sie noch einmal gespielt.
- Wird eine direkt oder indirekt gespielte Kugel durch einen Zuschauer oder Schiedsrichter beeinflußt, so bleibt sie gültig, solange sie erlaubtes Gelände nicht verläßt.
- Verändert ein Spieler der eigenen Mannschaft den Lauf der direkt gespielten Kugel, so wird sie ungültig, d. h. sie muß aus dem Spiel genommen werden.
- Beeinflußt ein Spieler eine indirekt bewegte Kugel, so hat der Gegner die Wahl, sie am neuen Platz liegen zu lassen oder sie irgendwo auf der Verlängerung einer Linie zwischen altem und neuem Platz über den neuen Platz hinaus zu legen. Sie muß jedoch in erlaubtem Gelände bleiben.

Spieler, die absichtlich Kugeln anhalten, werden ebenso wie ihre Partner für das laufende Spiel eines Wettbewerbs disqualifiziert.

EINE KUGEL WIRD UNGÜLTIG:

- Direkt oder indirekt gespielt, sobald sie die Grenze zu unerlaubtem Gelände überschreitet. Springt oder rollt sie danach wieder ins Spiel, so müssen die durch sie bewirkten Veränderungen korrigiert werden.
- Eine direkt gespielte Kugel, die nicht regelgerecht oder nicht aus dem richtigen Kreis gespielt wurde. Der Gegner hat jedoch nach der Vorteilsregel die Wahl, die Kugel und die durch sie bewirkten Veränderungen anzuerkennen oder sie zu annullieren und die Veränderungen zu korrigieren.
- Eine Kugel, die, wie schon andere vorher, wieder nicht innerhalb der vorgeschriebenen Zeit gespielt wurde.
- Eine erneut gespielte fremde Kugel, auch wenn dies aus Versehen geschieht.

FOLGEN EINER UNGÜLTIGEN KUGEL:

- Sie wird sofort aus dem Spiel genommen. die durch sie bewirkten Veränderungen werden korrigiert.
- Wird sie nicht herausgenommen, sondern weitergespielt, so gilt sie samt den Veränderungen als gültig.

DIE KUGEL WIRD AN IHREN ALTEN PLATZ GELEGT:

- Wenn sie durch den Wind oder eine Bodenneigung aus ihrer Ruhelage fortbewegt wurde.
- Wenn ihre Lage unabsichtlich durch einen Spieler, einen Zuschauer, den Schiedsrichter, ein Tier oder einen spielfremden Gegenstand verschoben wurde.
- Wenn sie durch eine ungültige Kugel direkt oder indirekt bewegt wurde.

DIE ZWEI BESTEN GEGNERISCHEN KUGELN SIND GLEICH WEIT VOM ZIEL ENTFERNT:

- Geschieht es während der Aufnahme, so spielt die Mannschaft, die zuletzt gespielt und somit den Punkt nicht erreicht hat, weiter, danach die andere und so abwechselnd, bis eine den Punkt erreicht und die normale Abfolge wieder möglich ist.
- Geschieht dies am Ende der Aufnahme, so wird kein Punkt vergeben.

Zählung und Messung der Punkte

Am Ende einer Aufnahme werden die gewonnenen Punkte gezählt. Ist das Ergebnis von beiden Mannschaften einmal angenommen, so kann es nicht mehr in Frage gestellt werden.

Bei dieser Gelegenheit wird auch der bisher erreichte Spielstand festgestellt. Viele Spieler halten ihn nach jeder Aufnahme auf einem Zählgerät fest, um spätere Diskussionen zu vermeiden.

Als Punkte gelten alle die Kugeln einer Mannschaft, die näher am Ziel liegen als die nächste gegnerische Kugel. Gegnerische Kugeln, die gleich weit vom Ziel entfernt sind, werden nicht als Punkte gezählt.

Endet eine Aufnahme, weil das Ziel ungültig wurde, so zählen alle Kugeln, die eine Mannschaft noch nicht gespielt hat, als Punkte, falls der Gegner über keine spielbaren Kugeln mehr verfügt.

Überhaupt kein Punkt wird vergeben, die Aufnahme also annulliert, wenn die beiden besten gegnerischen Kugeln gleich weit vom Ziel entfernt liegen. Das gleiche geschieht, wenn die Aufnahme dadurch endet, daß das Ziel ungültig wird, während beide Mannschaften bereits alle Kugeln gespielt haben oder beide noch über spielbare Kugeln verfügen.

Häufig kann man die Entfernungsunterschiede zwischen Kugeln und Ziel nicht mehr mit dem bloßen Auge abschätzen. Dann hilft nur genaues Messen. Dieser Meßvorgang birgt ein Risiko. Die Regeln bestimmen nämlich:

- Der Punkt ist für Mannschaft verloren, wenn ein Spieler die Kugeln oder das Ziel zum Nachteil der anderen Mannschaft verschiebt.
- Geschieht dies durch den Schiedsrichter, so hat er nach bestem Wissen und Gewissen zu entscheiden, gleichgültig ob die zuerst

als Punkt gesehene Kugel nach der Messung noch den Punkt hat oder nicht.

Es ist deshalb wichtig zu wissen, wer bei einer Unklarheit zu messen hat.

Diese Verpflichtung liegt immer bei dem Spieler oder der Mannschaft, die zuletzt gespielt hat. Die Gegner haben dann das Recht nachzumessen. Einigt man sich nicht, wird der Schiedsrichter gerufen.

Es ist sinnvoll, sich an die Regel zu halten und sich nicht durch das Argument des Gegners, daß, wer den Punkt haben wolle, es durch Messen beweisen solle, zu unnötigen Taten hinreißen zu lassen.

Bei wichtigen Spielen ist zu empfehlen, die Kugeln zu markieren, bevor man mißt. Besonders dann, wenn eine Kugel vorübergehend entfernt werden muß, weil sie gesäubert werden muß oder die Messung einer anderen Kugel behindert. Eine nicht markierte Kugel, die fortgenommen wurde, bevor die Punktzahl festgestellt war, kann nicht mehr bei der Wertung berücksichtigt werden.

Es ist der kürzeste Abstand zwischen Ziel und Kugel zu messen, „von Bauch zu Bauch". Ziel und Kugeln müssen von anhaftenden Fremdkörpern befreit sein. Hindernisse und Kugeln zwischen den zu messenden Objekten können entfernt werden. Gelingt dies nicht, so kann man einen Zirkel benutzen, der an manchen Meßgeräten angebracht ist.

Der Schiedsrichter

Der Schiedsrichter hat seinen festen Platz im Rahmen eines Wettbewerbes. Bei Freundschaftsspielen dagegen wird nur gelegentlich ein Unbeteiligter gebeten, einmal nachzumessen. Meist wird seine Entscheidung dann klaglos akzeptiert.

Aufgabe des Schiedsrichters ist es, bei Meinungsverschiedenheiten über Regelanwendung und -auslegung das letzte Wort zu sprechen. Nur er trifft gültige Entscheidungen und an ihn sind Reklamationen zu richten. Gewöhnlich wird er nur auf Wunsch der Spieler aktiv.

Als Leiter eines Wettbewerbs jedoch kann er auch von sich aus eingreifen, wenn Spielregeln und die vorgeschriebene Disziplin nicht eingehalten werden. Seine Aufgabe ist es, den fairen und geordneten Ablauf des Turniers zu sichern.

Er verfügt über eine Reihe von Sanktionen, die bis zum Ausschluß aus dem laufenden Wettbewerb und bis zum Lizenzentzug reichen, d. h. dem Verbot, für eine bestimmte Frist an Wettbewerben teilzunehmen. Vergehen, die solche Strafen nach sich ziehen, beginnen bei der Weigerung, den Anordnungen des Schiedsrichters zu folgen und enden bei Gewalttätigkeiten gegen den Schiedsrichter, andere Spieler oder Zuschauer.

Tauchen Situationen auf, die in den Regeln nicht erwähnt wurden, so entscheidet das Organisationskommitee des Wettbewerbes, zu dessen drei bis fünf Mitgliedern der Schiedsrichter ebenfalls gehört.

Schiedsrichter werden von dem für den Wettbewerb zuständigen Verband gestellt. Sie müssen einen Qualifikationsnachweis erbringen.

Wurftechniken

Wie bei allen Sportarten gibt es auch beim Pétanque erprobte Bewegungsabläufe, die sich in der jahrzehntelangen Praxis als besonders erfolgreich erwiesen haben. Dazu gehören einerseits die typische Haltung der Kugel in der Hand und die verschiedenen Armbewegungen sowie andererseits die unterschiedlichen Techniken des Legens und Schießens.

Kugelhaltung und Armbewegung

Die Art, wie die Kugel in der Hand gehalten wird, hat großen Einfluß auf die Genauigkeit des Wurfes.

Am günstigsten und daher am häufigsten zu beobachten ist es, die Kugel so zu halten, daß sie beim Abwurf unter der Hand liegt: Die Kugel weist zum Boden, sie wird etwa zur Hälfte

von der Hand bedeckt, der Handrücken weist nach oben.

Oft zu sehen ist folgender Bewegungsablauf: Der Unterarm wird nach vorn gestreckt, auf der nach oben weisenden Handfläche liegt die Kugel. Dann wird die Hand hohl gemacht, bis die Kugel bequem und sicher darin liegt. Die vier Finger liegen parallel und eng beieinander. Sie umfassen die Kugel bis etwa zur Höhe der nach vorn zeigenden Wölbung. Der Daumen liegt seitlich an der Kugel und bildet mit dem Unterarm eine gerade, waagrechte Linie. Der Griff ist unverkrampft, aber doch fest genug, um die Kugel nicht fallen zu lassen, wenn jetzt die Hand umgedreht wird, so daß die Kugel zum Boden und der Handrücken nach oben zeigt.

Hat man die Kugel einmal so gefaßt, dann ist es leicht, Schwung zu holen: Der Arm wird nach unten gestreckt und seitlich am Körper vorbei nach hinten gehoben. In dieser Stellung weist die Kugel dann also nach oben. Beim Ausholen nach hinten bleibt der Arm völlig gerade gestreckt. Hat man nach hinten

genügend Höhe erreicht, um den für die geplante Weite des Wurfes nötigen Schwung zu bekommen, so läßt man den Arm völlig gestreckt nach vorn durchpendeln und hebt ihn eventuell noch mit leichtem, zusätzlichem Kraftaufwand bis zur Höhe, aus der man die Kugel loszulassen wünscht.

Die Kugel gleitet nun nach vorn aus der Hand, vorbei an den nebeneinander liegenden Fingern, die in die gewünschte Richtung zeigen. Gleitet die Kugel so an den Fingern vorbei, kann man die Flugrichtung recht genau steuern und der Kugel eventuell noch eine gegen die Flugrichtung gehende Eigendrehung (Rückdrall) mitgeben. Dies geschieht, wenn sie durch die oben aufliegenden Finger beim Abflug etwas gebremst wird, sozusagen an ihnen entlang herausrollt. Dieser Effekt ist manchmal erwünscht, weil er nach dem Aufschlag auf dem Boden die Vorwärtsbewegung der Kugel abbremst. Macht man das beim Schießen, so läuft die Kugel nach dem Aufprall auf eine andere Kugel eventuell sogar noch ein Stück zurück.

Mit seitlicher Kippstellung der Hand (im Verhältnis zum Unterarm) läßt sich beeinflussen, wie die Kugel nach dem Aufschlag weiterrollt. Soll sie gerade laufen, also weiter in der Flugrichtung, so darf die Hand nicht seitlich kippen. Verdreht man dagegen die Hand ein wenig nach links oder rechts, so nimmt die rollende Kugel eine Bahn, die nach links oder rechts von der Flugrichtung abweicht. Versieht man sie dann noch zusätzlich mit einem Rückdrall, so kann sie auf der Erde eine leichte Kurve beschreiben und damit Hindernisse umgehen. Um Würfe dieser Art genau in der gewünschten Art durchzuführen, bedarf es allerdings einiger Übung.

Durch das Abknicken der Hand nach oben oder unten (also gegen die Ober- oder Unterseite des Unterarms) lassen sich beim Ausholen wie beim Ausgleiten weitere Effekte erzielen.

Oft sieht man Schießer, die sehr hoch Schwung holen und dabei am höchsten Punkt noch über die Dehnungsmöglichkeit des Arms hinaus die Kugel durch ein Abknicken der Hand gegen die Unterseite des Unterarms etwas höher heben. Sie können dann fast schon auf Grund des Gewichtes der nach unten drückenden Kugel den Arm hoch nach vorn schwingen lassen. Der Schwung reicht, um die Kugel ohne größere Kraftanstrengung über die nötige Distanz zu befördern, und der Spieler kann sich voll auf die Einhaltung der Richtung konzentrieren.

Beim Ausgleiten kann man der Kugel nach oben Raum geben, indem man die Hand im letzten Augenblick gegen die Oberseite des Unterarms, also nach rückwärts abknickt. Bei dieser Gelegenheit ist es leicht, der Kugel einen effektvollen Rückdrall zu geben. Man sieht diese Bewegung oft bei hohen Bogenwürfen.

Die Kugel anders als beschrieben in der Hand zu halten, z. B. sie seitlich zu fassen oder sie beim Abwurf auf der Handfläche liegen zu haben, erweist sich als weniger erfolgreich, weil eine Führung und Steuerung der Kugelbewegung damit weniger sicher wird. Dennoch sind solche Griffe auch gelegentlich bei erfahrenen Pétanque-Spielern zu sehen. Dem Anfänger sind sie nicht zu empfehlen, denn ihr erfolgreicher Einsatz setzt sicherlich längere Übungszeiten voraus.

Optimale Voraussetzung für das Gelingen des Wurfs ist, daß die Bewegung fließend und unverkrampft verläuft. Der Körper sollte sich gut im Gleichgewicht befinden und einen sicheren und bequemen Stand haben, sowohl auf dem Boden als auch in den Schuhen. Ist dies der Fall, so neigt sich der Oberkörper fast automatisch beim Ausholen nach vorn und schwingt bei der Vorwärtsbewegung des Armes je nach Bedarf beinahe wieder in die senkrechte Haltung. Der unbeschäftigte Arm vollführt währenddessen eine leichte Gegenbewegung zum Wurfarm und sichert damit das Gleichgewicht. Diese Bewegung sieht elegant aus, wenn sie gekonnt durchgeführt wird. Deshalb hat dieser Wurfstil in Südfrankreich auch einen eigenen Namen, nämlich „gaoubi".

Die Beine werden während des Wurfes wenig bewegt. In die Knie zu gehen und sie beim Abwurf wieder zu strecken, ist nicht empfehlenswert. Es bringt nur eine zusätzliche Bewegung, die es schwerer macht, den ganzen Ablauf zu beherrschen. Gelegentlich sieht man auch Spieler, die beim Abwurf im letzten Augenblick die Füße etwas strecken und auf den Fußspitzen stehen bleiben, was so wirkt, als seien sie vom Schwung mitgerissen worden. Ob damit eine zusätzliche Wirkung erreicht wird, kann fraglich erscheinen.

An den Bewegungsabläufen der Arme und des Oberkörpers ändert sich kaum etwas, wenn man im Stehen oder aus der Hocke oder aus irgendeiner Position dazwischen spielt. Der Wechsel zwischen aufrechtem Stand, gebeugten Knien oder Hocke wird oft vorgenommen, um unterschiedlichen Spieldistanzen besser gerecht zu werden, entsprechend der Überlegung, daß man bei einer kürzeren Distanz eine niedrigere Abwurfhöhe der Kugel braucht. Dies gilt sowohl für das Legen, wie für das Schießen. Die Hockstellung hat beim Legen noch den weiteren Vorteil, unter bestimmten Lichtverhältnissen Wellen und Neigungen des Bodens besser erkennen zu können.

Das zielgenaue Werfen einer Kugel stellt phy-

siologisch gesehen einen komplizierten Abgleichungsprozeß zwischen Wahrnehmungen und Bewegungen dar. In einer sportmedizinischen Doktorarbeit hat Bernard Meunier (s. Lit.verz.) die Vorgänge am Beispiel des Boule Lyonnaise untersucht und detailliert beschrieben. Der Wahrnehmung des Zieles und seiner Distanz müssen ständig die adäquaten Muskelimpulse und die Wahrnehmungen über die eigenen Bewegungsabläufe zugeordnet werden. Die meisten dieser Vorgänge werden nach einiger Übung automatisiert, d. h. vom Körper so gelernt, daß ihre Ausführung nicht mehr bewußt wird. Etwa so, wie man beim Gehen nicht mehr an die vielen Teilbewegungen denken muß, um von einem Punkt zum anderen zu kommen. Die Automatisierung verläuft umso schneller, je mehr man sich auf die zum Wurf absolut notwendigen Bewegungsabläufe konzentrieren kann, d. h. je entspannter und natürlicher die Körperhaltung und die Bewegungen der am Wurfgeschehen nicht unmittelbar beteiligten Gliedmaßen sind. Aus demselben Grund sollte man Bewe-

gungen vermeiden, die nicht unbedingt notwendig sind (z. B. der Beine).

Ist die Automatisierung einmal gelungen, so kann sich der Spieler auf die Auswahl der für die jeweiligen Spiel- und Bodengegebenheiten angemessenen Bewegungsabläufe konzentrieren.

Die physiologischen Prozesse werden überlagert durch Wahrnehmungs-, Denk- und Konzentrationsvorgänge, die die jeweilige Spielsituation mit ihren taktischen und sozialen Komponenten auslöst. Dadurch wird das Geschehen noch einmal erheblich kompliziert. Komplexe Abläufe sind relativ leicht störbar. Oft genügen selbst bei erfahrenen Spielern kleine Ablenkungen oder Stimmungsschwankungen, um aus einem sonst sicheren Volltreffer den Schuß daneben, das „Loch", werden zu lassen. Und hier liegt dann auch der Ansatzpunkt für das subtile psychologische Spiel.

Formen des Legens

Einen uninformierten Beobachter eines Pétanque-Spiels mag die Art, wie die Spieler versuchen, ihre Kugeln in die Nähe des Ziels zu bringen, stark von persönlichen Vorlieben und Gewohnheiten aber auch von momentanen Eingebungen geprägt erscheinen. Schnell wird ihm klar, was beabsichtigt ist, aber wohin die Kugel springt oder rollt, so wird er finden, hängt vom Glück und Zufälligkeiten des Bodens ab. Dies in den Griff zu bekommen, erscheint schier unmöglich.

Dennoch, er sollte sich nicht vorzeitig abwenden. Wie jeder solide Handwerker verfügt auch der Pétanque-Spieler über einige Instrumente, mit denen er seinen spröden Problemen beikommen kann: Die genaue Beobachtung der Eigenschaften des Bodens ist das erste. Danach kann er unter verschiedenen Techniken die erfolgversprechende auswählen. Aber selbst wenn er sie gut beherrscht und richtig einsetzt, ein Quentchen Glück hat er immer noch nötig. Denn die Kugel, mit der er spielt, reagiert auf jede Berührung mit einem kleinen Hindernis mit einer Abweichung von ihrer ursprünglichen Richtung. Diese Abweichungen gilt es in Schach zu halten.

Um die Distanz zwischen Kreis und Ziel — immerhin sechs bis zehn Meter, in manchen Spielsituationen noch deutlich darüber — zu überwinden, gibt es drei unterschiedliche Spielweisen:

– Das Rollen (frz. roulette): Die Kugel rollt fast über die ganze Entfernung auf dem Boden.

– Den kleinen (halben) Bogen (frz. la demi-portée, wörtlich: die halbe Distanz): Die Kugel schlägt nach einem Bogenflug in der halben Entfernung auf und rollt den Rest der Strecke.

– Den hohen Bogen (frz. la portée, wörtlich: die volle Distanz): Die Kugel beschreibt einen so hohen und weiten Bogen, daß sie am vorgesehenen Platz fast senkrecht aufschlägt und von dort nur noch wenig weiterrollt oder bei genügend weichem Boden an der Stelle liegen bleibt.

Auf die Auswahl der Art des Legens haben die Bodenverhältnisse den größten Einfluß. Aber auch die Lage der bereits gespielten Kugeln oder persönliche Präferenzen und das Können sind oft ausschlaggebend.

Rollen

Aus der Hocke oder in gebückter Haltung gespielt, kommt die Kugel schon nah am Kreis auf den Boden und rollt bis zum Ziel.

Der Wurf läßt sich am besten auf festem, glattem Boden mit feinkörniger Oberfläche ausführen. Befinden sich Löcher oder Bodenwellen auf dem Weg, so kommt es darauf an, ihre Auswirkungen vorher genau abzuschätzen, damit die Kugel nicht unvorgesehen die Richtung ändert. Größere Hindernisse wie z.B. Steine oder Äste vereiteln den Erfolg. Manchmal kann man sie umgehen, indem man die Kugel beim Ausgleiten anschneidet, d. h. ihr eine Eigendrehung mitgibt, so daß sie nicht gerade, sondern in einer Kurve läuft. Bei gekonnter Ausführung umgeht sie dann das Hindernis.

Wichtig ist, Bodenneigungen von vornherein mit einzuplanen. Gegen Ende ihrer Bahn wird die Kugel, wenn sich ihre Geschwindigkeit

verringert hat, mehr dieser Bodenneigung als dem ursprünglich mitgegebenen Impuls folgen.

Die besondere Schwierigkeit des Rollens liegt darin, die Länge des Weges genau zu steuern. Schon eine leichte Vergrößerung des Schwunges kann dazu führen, daß die Kugel um ein bis zwei Meter weiter rollt, als beim ersten Versuch. Manche Spieler versuchen dieser Schwierigkeit dadurch Herr zu werden, daß sie der Kugel einen Rückdrall mitgeben, der sich bei Nachlassen der Vorwärtsbewegung deutlich bremsend auswirkt, also verhindert, daß die Kugel allmählich ausrollt. Das richtige Verhältnis von Schwung und Rückdrall zu finden, ist dann das Kunststück.

Wegen seiner beschränkten Einsatzmöglichkeiten, der Unwägbarkeiten der langen Bodenberührung und der vergleichsweise uneleganten Körperhaltung ist das Rollen bei Spielern und Zuschauern weniger beliebt.

Halber Bogen

Er stellt die bei weitem verbreitetste Form des Legens dar. Die zu seiner Ausführung nötige Körperhaltung kann geradezu als typisch für das Pétanque-Spiel bezeichnet werden.

Der Wurf wird stehend oder in der Hocke ausgeführt, der Oberkörper hat meistens eine leichte Beugung nach vorn, der Wurfarm weist beim Ausgleiten leicht nach oben.

Der halbe Bogen ist fast auf jedem Terrain mit guten Erfolgsaussichten anwendbar. Er vermeidet die Hindernisse und Schwierigkeiten auf der ersten Hälfte der Distanz.

Sein Gelingen hängt ganz wesentlich von der Wahl des richtigen Aufschlagpunktes (frz. la donnée) ab. Dieser muß an einer Stelle liegen, von der aus die Kugel den optimalen Weg zum Ziel nehmen kann. Er sollte möglichst glatt, eben und ohne Steinchen sein, damit die Kugel, die ziemlich kraftvoll aufschlägt, nicht in unbeabsichtigte Richtungen verspringt. Bodenneigungen und Hindernisse, die den restlichen Weg kennzeichnen, sind bei seiner Wahl nach denselben Gesichtspunkten zu berücksichtigen wie beim Rollen.

Es ist auf jeden Fall wichtig, den Aufschlagpunkt sorgfältig auszusuchen und sich die Stelle vor dem Wurf genau anzusehen.

Die Länge des Kugelweges nach dem Aufschlag ist vor allem von der Höhe des Bogens abhängig. Je höher der Bogen bis zum Aufschlagpunkt, desto kürzer der weitere Weg der Kugel. Er kann zusätzlich noch durch einen Rückdrall verkürzt werden.

Hoher Bogen

Er wird meistens stehend gespielt, der Oberkörper ist aufgerichtet, der Wurfarm reckt sich weit nach oben. Bei kürzeren Distanzen wird er auch aus der Hocke versucht.

Der Wurf ist wirkungsvoll, wenn auf dem Weg zum Ziel Hindernisse oder bereits gespielte Kugeln liegen, aber auch wenn zu weicher (feuchter oder sandiger) Boden die anderen Wurfarten nicht als sinnvoll erscheinen läßt.

Bei nachgiebigem Untergrund, z. B. dickem Kies- oder Sandbelag oder aufgeweichtem Gelände, bleibt die Kugel am Aufschlagpunkt liegen. Auf anderen Böden rollt sie noch ein Stückchen weiter oder springt auf sehr hartem

Hier kann man nur im hohen Bogen – portée werfen.

42

Wie legt man hier, Rollen oder Halber Bogen, flach oder halb-hoch?

Untergrund sogar ein Stück hoch. Diese weitere Bewegung, die ihre Ursache in der Tatsache hat, daß die Kugel praktisch nie senkrecht aufkommt, läßt sich wirkungsvoll durch einen Rückdrall bremsen. Für den spektakulären hohen Wurf mit viel Rückdrall, bei dem die Kugel auch auf härterem Boden fast am Aufschlagpunkt liegen bleibt, kennt man in Frankreich den Ausdruck „plombée" (vielleicht vom Bild des Senkbleis abgeleitet), für den es ein deutsches Wort nicht gibt. Das mag daran liegen, daß man ihn bei uns kaum zu sehen bekommt. Der hohe Bogen wird selten verwendet. Vermutlich liegt das daran, daß viel Kraft und Übung nötig sind, um den Wurf zu beherrschen: Kraft, um eine Kugel auf den langen Weg durch die Luft zu schicken, Übung, um mit Genauigkeit den weit entfernten Aufschlagpunkt zu treffen.

Beobachtung der Bodenverhältnisse

Gutes Legen setzt eine genaue Kenntnis des Terrains voraus. Erfahrene Spieler nehmen sich die Zeit, sich die Einzelheiten zwischen Kreis und Ziel genau anzusehen. Man sieht sie zu Beginn langsam die Strecke abgehen und die Sache auch vom Ziel her betrachten. Sie scheuen sich nicht, in die Hocke zu gehen, um Neigungen und Wellen besser zu erkennen. Manchmal lassen sie eine Kugel fallen um festzustellen, wie weich oder fest der Untergrund ist. Es lohnt sich, die Angelegenheit unter möglichst vielen Perspektiven und Aspekten zu erkunden.

Die Beleuchtungsverhältnisse entscheiden oft mit, ob stehend oder aus der Hocke gespielt wird. Bei schrägem Lichteinfall, z.B. bei Abendsonne, kann man in Hockstellung Bodenunebenheiten besser im Auge behalten. Bei größeren Distanzen behält man stehend besser den Überblick.

Formen des Schießens

Weitgehend unabhängig von der Bodenbeschaffenheit ist im Spiel die Vorgehensweise des Schießens (frz. tirer), bei der eine bereits am Boden liegende Kugel durch einen gezielten Wurf zu treffen und aus ihrer Position zu entfernen ist. Was dem Zuschauer leicht erscheint, erweist sich nach einem eigenen Versuch als äußerst kompliziert, insbesondere wenn es darum geht, kontinuierlich zu treffen und dabei die angestoßene Kugel in eine geplante Richtung zu schicken. Spieler, die das können, stehen deshalb bei Kennern in hohem Ansehen.

Der Schuß wird fast immer stehend, häufig in leicht nach vorn gebeugter Körperhaltung ausgeführt. Der Fuß auf der Seite des Schußarms ist manchmal ein wenig vorgesetzt.

Man stellt sich so, daß die natürliche Pendelbewegung der Armes in Richtung des anvisierten Zieles weist. Der Oberkörper darf keine seitliche Drehbewegung ausführen, weder beim Schwungholen noch beim Nach-vorn-Pendeln des Arms. Die Finger bleiben beim Ausgleiten der Kugel eng beieinander und parallel und zeigen in Richtung des Ziels.

Die Treffsicherheit erhöht sich, wenn diese Pendelbewegung durch Übung weitgehend automatisiert ist. Bewußt muß dann noch der Zeitpunkt gewählt werden, zu dem man die Kugel aus der Hand gleiten läßt. Mit ihm bestimmt man die Höhe, aus der die Kugel abfliegt und damit die Schußweite: d. h. je später man losläßt, je höher sich die Hand also bereits befindet, desto weiter fliegt die Kugel.

Die Höhe der Hand beim Ausgleiten der Kugel läßt sich zusätzlich noch durch die Beugung des Körpers nach vorn beeinflussen. Je weiter nach vorn gebeugt man steht, desto weniger weit kann sich der Arm nach oben bewegen und desto kürzer wird der Schuß. Richtet man sich nach dem Schwungholen höher auf, so fliegt die Kugel weiter.

Die Höhe der Hand läßt sich natürlich auch zusätzlich verändern, indem man die Knie etwas beugt oder in die Hocke geht.

Welche Art man wählt, die Höhe des Abflugpunktes der Kugel festzulegen, hängt weitgehend von der eingeübten Körperbeherrschung ab. Allgemein läßt sich sagen, daß man sich die Aufgabe erleichtert, wenn man die Zahl der Gelenkbewegungen kurz vor oder beim Schießvorgang möglichst klein hält. Dementsprechend sieht man oft Schießer, die eine bestimmte Kniestellung oder Vorbeugung (also Bewegungen im Knie- und Hüftgelenk) vornehmen und fixiert beibehalten, bevor sie Schwung holen. Bis die Kugel abgeflogen ist, ändert sich dann nichts mehr. Während des Schwungholens oder Abwerfens die Knie zu strecken oder den Oberkörper aufzurichten, beeinflußt auf schwer kontrollierbare Weise die Handhöhe. Der erfolgreiche Schuß setzt dann lange Übung voraus. Dennoch sind bei hervorragenden Schießern manchmal solche Bewegungen des ganzen Körpers zu beobachten, sozusagen ihr Stil.

Zu kontrollieren bleibt noch genug im Bereich von Arm und Hand. Beim Vorwärtspendeln des Arms geht die Schulter in der fließenden Bewegung ein Stück mit nach vorn, eventuell spielen das Handgelenk und die Finger noch eine ungewollte Rolle. Häufigste Ursache für ein seitliches Vorbeischießen sind bei routinierten Spielern leichte Verdrehungen im Handgelenk oder Ungenauigkeiten in der Fingerhaltung.

Zusätzliche Effekte, über das Treffen des anvisierten Punktes hinaus, kann man erzielen, wenn man der Kugel einen Rückdrall gibt oder ihr durch leichtes Abknicken der Hand nach hinten (nach oben) Platz für eine höhere Flugbahn läßt.

Je nach Spielsituation kann man unterschiedliche Schußarten verwenden:

– Direkter Schuß (frz. tir au fer, wörtlich: auf das Eisen): Die Zielkugel soll unmittelbar aus dem Flug getroffen werden.
– Schuß vor die Kugel (frz. tir devant): Die Schußkugel schlägt kurz vor dem Objekt auf und gleitet den Rest der Strecke über den Boden.

Das Loch, der Schuß, der nur den Boden aufwühlt.

– Flachschuß (frz. la rafle oder – abwertend – raclette): Die Schießkugel gleitet mit hoher Geschwindigkeit über den Boden auf das Ziel zu. Der Schießer beugt sich weit nach vorn oder befindet sich in der Hocke.

Direkter Schuß

Das Gelingen des direkten Schusses ist nur vom Können des Spielers abhängig, der Boden spielt überhaupt keine Rolle. Daher ist er in fast jeder Situation anwendbar, erfordert allerdings bei eng aneinander liegenden gegnerischen und eigenen Kugeln eine ganze Menge Selbstvertrauen und Mut.
Diese Art des Schießens genießt wegen ihrer vielseitigen Einsatzmöglichkeiten und ihrer bisweilen spektakulären Ergebnisse hohes Ansehen und hat eine weite Verbreitung. Treffer erzeugen einen gern gehörten metallischen Klang. Champions, denen oft gelingt, was sie beabsichtigen, werden in Spieler- und Amateurkreisen bewundert und gerühmt wie erfolgreiche Torschützen im Fußball. Und selbst

beim Aussprechen des Wortes Loch (frz. trou), der Bezeichnung für den Fehlschuß, klingt oft trotz des Bedauerns noch ein wenig Bewunderung für den Mut, es überhaupt versucht zu haben.

Für die – oft auch ungewollten – Ergebnisse des Schusses sind viele Bezeichnungen im Umlauf. Man trifft das Objekt „aufs Ohr" (auf die Seite), „auf den Kopf" (von oben), es wird gerade nur „geküßt" (so zart berührt, daß es sich kaum bewegt) oder „davongejagt" (so voll getroffen, daß es weit wegrollt).
Beabsichtigt ist meistens, die getroffene Kugel weit wegrollen zu sehen, idealerweise so, daß sie vielleicht eine weitere gegnerische mitreißt und keine eigene auf ihrem Weg berührt. Die Kugel, mit der geschossen wurde, soll dagegen möglichst in der Nähe des Aufschlagpunktes liegen bleiben (frz. palet roulant, wörtlich: rollender Spielstein, der also wie ein flacher Gegenstand nur noch wenige Umdrehungen macht) oder die getroffene genau in ihrer Position ersetzen (frz. carreau, wohl eine begriffli-

Abgegrenzte Spielfelder z.B. bei Weltmeisterschaften, hier einer deutschen Mannschaft 1987 in Epinal.

che Reminiszenz an ein altes Spiel, in dem ein kleines Quadrat zu treffen war), was man auf deutschen Boule-Plätzen einen Volltreffer nennt. Rollt die Schußkugel nach dem Aufprall aufgrund des ihr mitgegebenen Rückdralls ein Stückchen in Richtung des Abwurfkreises zurück, so nennt man das in Frankreich „retro" (Rückläufer).

Palet (roulant) und Carreau können eher mit Kugeln erzielt werden, die eine weichere Oberfläche als üblich haben, also nach dem Aufprall weniger elastisch zurückspringen. Man kann diesen Effekt auch durch spieltechnische Mittel zu erzielen versuchen. Durch einen weniger schwungvollen („weichen") Schuß mit etwas höherer Flugbahn etwa, der weniger Bewegungsenergie zur Überwindung derselben Distanz braucht als einer mit flacherer oder gerader Flugbahn und bei dem die Schußkugel dementsprechend nach dem Aufprall nicht mehr die Kraft hat, weit zu rollen. Die restliche Bewegung wird meist noch durch einen mitgegebenen Rückdrall zusätzlich gebremst. Die Gesetze der Ballistik und Mechanik machen einem die Möglichkeiten schnell durchschaubar.

Schuß vor die Kugel

Bei dieser Art des Schießens spielt der Boden vor dem Objekt mit. Er darf nicht zu fest sein, weil sonst die Schußkugel springt und über das Objekt fliegt. Bei etwas nachgiebigem Boden mit leicht körnigem Belag und bei dem angemessenen Rückdrall gleitet die Schußkugel nach dem Aufschlag über den Boden und kann bei genauem Treffen zu einem Volltreffer führen. Da sie durch den Aufschlag einen erheblichen Teil ihrer Energie verloren hat, trifft sie jedenfalls das Objekt ziemlich weich und tendiert dazu, in der Nähe seines ursprünglichen Platzes liegen zu bleiben.

Der Schuß kann allerdings nur angewendet werden, wenn vor der zu schießenden Kugel genügend Platz frei ist.

Flachschuß

Den Flachschuß kann man nur einsetzen, wenn auf dem Weg keine Hindernisse und Kugeln liegen und wenn größere Löcher und Rillen auf dem Terrain nicht stören. Er kann zu Volltreffern führen und sehr effizient sein, besonders wenn künstlich angelegte Spielflächen günstige Voraussetzungen bieten. Da er mit viel Schwung erfolgen muß, kann er beim Verfehlen des Ziels allerdings auch ungeahnte Verwüstungen anrichten.

Wohl wegen dieser Zweischneidigkeit hatte er anfänglich Mühe, sich in Spielerkreisen durchzusetzen, und er hat bis heute unter Anhängern eines „guten" Stils einen schlechten Leumund.

Drücken

Ziel des Drückens ist gewöhnlich, eine eigene, zu weit vor dem Ziel liegende Kugel so anzuspielen, daß sie den Punkt macht, d. h. etwa 20 bis 50 cm weiter läuft. Gelungen ist der Vorgang, wenn die Kugel, mit der angespielt wurde, nach dem Anstoß noch in derselben Richtung weiterläuft und ebenfalls in der Nähe des Ziels und hoffentlich als Punkt zur Ruhe kommt.

In den meisten Beschreibungen des Pétanque-Spiels wird diese Spieltechnik nur beiläufig oder als taktische Maßnahme erwähnt.

Dennoch erfordert sie ein spezifisches Spiel-verhalten. Das Ergebnis wird am ehesten er-zielt, wenn nach einem relativ hohen Bogen-wurf ohne Rückdrall die Spielkugel kurz vor der anzuspielenden aufschlägt und mit ver-minderter Energie auf diese zurollt. Nach dem Anstoß hat sie dann meistens noch genügend Kraft, um in derselben Richtung hinter der an-gestoßenen her zu rollen.

Situation vor dem Schuß (oben) und nach dem Treffer (unten).
Die getroffene Kugel bewegt sich nach links, die Schießkugel ist noch in der Luft.

Training

Es soll Talente geben, die nach kurzem Zuschauen die Wurftechnik verstanden haben und sie fast von Anfang beherrschen. Den meisten Spielern ist das nicht gegeben, und so gelangen sie erst durch Übung zu einer Leistung, die ausreicht, um auch am eigenen Spiel Spaß zu haben.

Das beste Training ist ohne Frage häufiges Spielen. Es hat den Vorteil gesellig zu sein, und man kann sich von Fortgeschritteneren etwas abgucken und von ihren Tips profitieren. Dennoch, für Anfänger, die schon mit einem gewissen Standard auf dem Pétanque-Platz erscheinen wollen sowie für Fortgeschrittene, die ihre Technik beim Spielen nicht genügend ausfeilen zu können glauben, gibt es einige praxisnahe und erprobte Übungsaufgaben (s. Foyot u. a., s. Lit.-Verz.).

Legen

– Gleichgewicht halten
  In einer Entfernung von 3 bis 4 m wird eine Kugel gelegt, die man aus der Hockstellung heraus direkt, ohne daß die gespielte Kugel vorher den Boden berührt, zu treffen versucht. Dies ist weniger eine Schießübung, sondern zielt vielmehr darauf, das Halten des Gleichgewichtes zu üben.
– Aufschlagpunkt treffen
  In kürzerem oder größerem Abstand, je nachdem ob man den halben oder den hohen Bogen üben will, werden mehrere Kreise von ca. 10 bis 15 cm Durchmesser auf den Boden gezeichnet, in die man seine Kugel aufschlagen läßt. Gespielt wird stehend oder aus der Hocke. Die Übung fördert die Präzision des Wurfes sowie seine Weite und Kraft, aber auch die Kontrolle der Bogenhöhe.
– Ziel erreichen
  Es werden fünf konzentrische Kreise mit Abständen von 10 cm gezeichnet, die man von innen nach außen mit Punktwerten versehen kann wie bei einer Zielscheibe. Dann wirft man z. B. fünf Kugeln hintereinander auf dieses Ziel, errechnet den erreichten Punktwert und bemüht sich beim zwei-

ten Durchgang um ein besseres Ergebnis.
– Drall geben
  Im Abstand von 3 bis 4 m vom Kreis wird ein Kreis von ca. 10 bis 15 cm Durchmesser gezogen. Links und rechts davon zwei kurze parallele Linien, die 50 cm voneinander entfernt sind. Es geht darum, die Kugeln in dem Kreis so aufschlagen zu lassen, daß sie anschließend die linke oder die rechte Linie überrollen.

Auch mit dem Ziel(kügelchen) können solche Übungen gemacht werden, um ein Gefühl dafür zu bekommen, wie es sich auf dem Boden verhält. Man gelangt damit zu höherer Genauigkeit bei der Auswahl eines Terrains oder einer Distanz.

Schießen

Das Schießen erfordert mehr Training als das Legen. Brillante Schießer haben täglich mehrere Stunden geübt, um Treffsicherheit zu erlangen, und setzen das in geringerem Umfange fort, um ihren Standard zu halten.

– Der direkte Schuß
  Um nicht die Gewohnheit aufkommen zu lassen, vor die Kugel zu schießen, wird das Objekt auf einen Sockel, einen liegenden Baumstamm oder etwas Ähnliches gelegt, von dem es dann heruntergeschossen werden muß. Die Übung zwingt dazu, den Arm ausreichend zu heben. Wird die Entfernung während der Übung zunehmend vergrößert, so übt man, die Richtung noch präziser einzuhalten.
– Der Volltreffer
  Ab einer gewissen Treffsicherheit kann man üben, Volltreffer oder Palets zu erreichen. Hierzu schießt man auf Kugeln, die in einem Kreis von 50 cm Durchmesser liegen, und bemüht sich, die Schußkugel in diesem Kreis zur Ruhe kommen zu lassen. Man fängt mit einer Entfernung von 2 bis 3 m an und schreitet bei wachsendem

Übungserfolg zu größeren Entfernungen und kleineren Kreisen fort.

– Die hintere Kugel treffen
Eine realitätsnahe Genauigkeitsübung ist es, auf die hintere von zwei in einer Linie liegenden Kugeln zu schießen, die voneinander einen Abstand von einem Kugeldurchmesser haben und in etwa 8 bis 9 m Entfernung liegen. Noch verzwickter ist es, von drei in Linie liegenden Kugeln die mittlere zu treffen.

– Die Wiederholung
Ein gutes Training für die Regelmäßigkeit des Schusses ist es, drei Kugeln, die im Dreieck liegen, nacheinander zu schießen.

– Der Rückläufer (retro)
Hier soll geübt werden, der Schußkugel ei-nen Rückdrall zu geben. Vor die zu schießende Kugel wird eine Linie gezogen, die von der Schußkugel nach dem Aufprall zu überschreiten ist. Auch hier wird mit kleinen Entfernungen begonnen.

Schon ein kleines Übungsprogramm zeigt Erfolge. Für die großen Taten werden zusätzlich noch allgemeines Konditionstraining und Gymnastik sowie Konzentrationsübungen (z.B. Yoga) empfohlen. So machen es jedenfalls einige Champions.

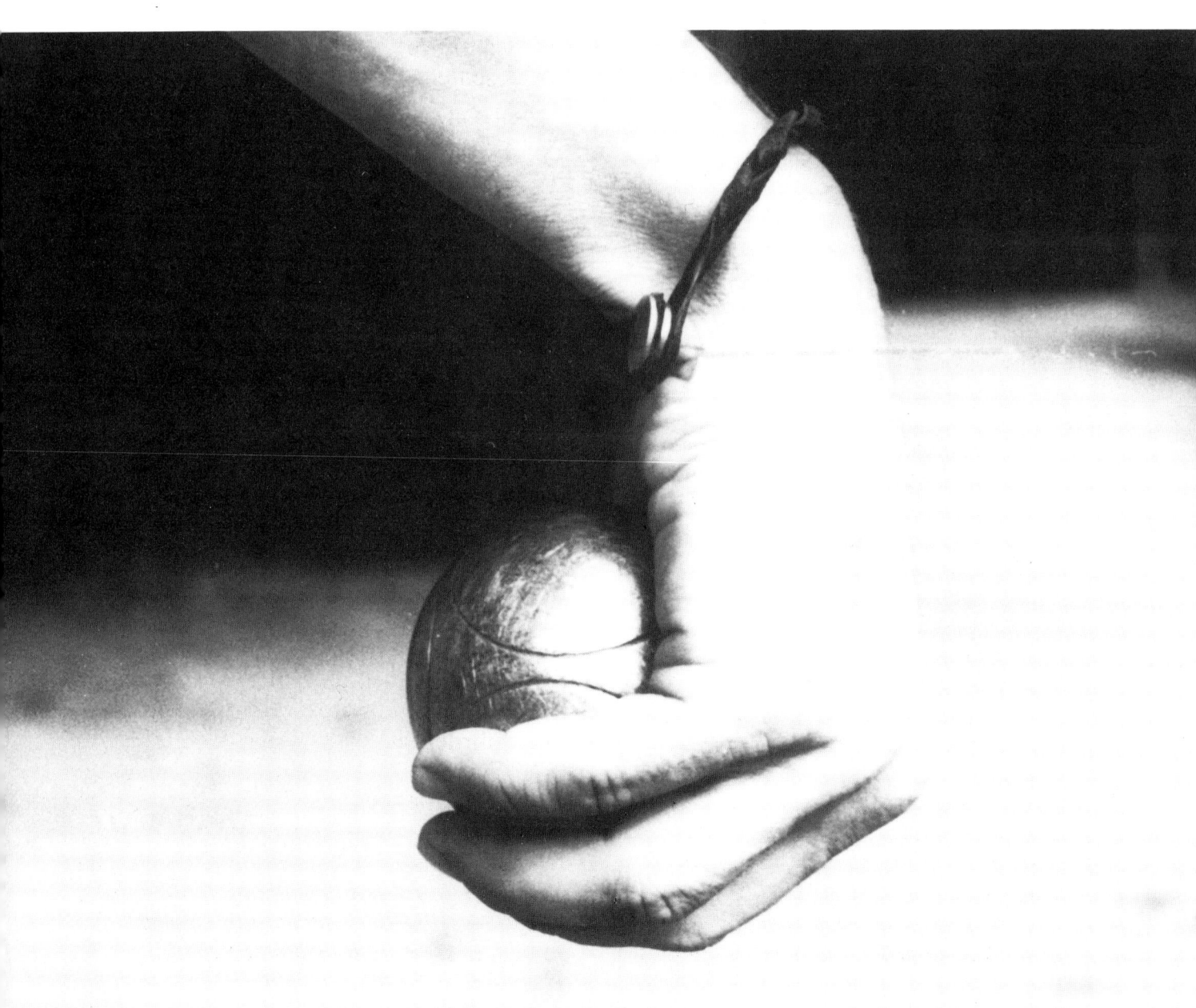

Spieltaktik

Ob in der freundschaftlichen Atmosphäre des geselligen Freizeitspiels oder unter den angespannteren Bedingungen eines Wettbewerbs, bei dem Ruhm und Preise winken, es geht beim Pétanque-Spiel darum, Punkte zu gewinnen und dies dem Gegner gleichzeitig schwer zu machen.

Um das zu erreichen, sind vor jedem Wurf die Chancen und Risiken zu bedenken, die neben den eigenen spieltechnischen Fähigkeiten das Ergebnis einer Aufnahme oder eines Spiels beeinflussen, schlimmstenfalls sogar die guten eigenen Leistungen am Ende wertlos machen können.

Unter taktischen Gesichtspunkten spielt zunächst die Wahl des Terrains und der Spieldistanz eine Rolle, die dem Können der eigenen Mannschaft mehr entgegenkommen sollten als dem des Gegners. Sodann ist die realistische Einschätzung der eigenen Fähigkeiten wichtig, die dazu führen kann, den idealen Spielzug zu unterlassen und sich mit dem zweitbesten zu begnügen.

In diesem Kapitel sollen auch einige weitere Faktoren beschrieben werden, an die vor jedem Spielzug zu denken ist, nämlich:

- Die Zahl der Kugeln, die jede Mannschaft schon gespielt hat oder noch spielen kann (Kugelvorteil)
- Die Lage der gespielten Kugeln, sowie die Anzahl der damit erreichten und noch erreichbaren Punkte in der Aufnahme
- Die Phase, in der sich das Spiel befindet (Punktestand im Spiel)

Zu berücksichtigen sind dann weiter noch Stimmung und Zusammenhalt der eigenen und der gegnerischen Mannschaft sowie die im Spiel mitschwingenden, gegenseitigen psychologischen Beeinflussungen.

Von diesen Bedingungen hängt wesentlich ab, ob man offensive, taktische Maßnahmen ergreifen kann oder sich eher defensiv verhält. Dabei wird unter offensiv meistens verstanden, ohne Scheu und mit einer gewissen Risikobereitschaft zu spielen, selbst wenn sich die

beabsichtigte Veränderung der Lage der Kugeln eventuell zum eigenen Nachteil auswirkt.

Im Spielverlauf sind die Spieler ständig mit der Frage beschäftigt, wo in diesem Geflecht von Bedingungen der günstige Weg liegt:
Eine der häufigsten – und von daher vielleicht auch wichtigsten – taktischen Entscheidungen im Spiel ist die Frage: Legen oder Schießen? Oft klärt sich das in erfahrenen Teams sehr schnell, wenn es sich um Standardsituationen handelt. Dennoch gehen dieser Entscheidung bewußt oder unbewußt, viele Beobachtungen und Einschätzungen voraus, z. B. die Einschätzung der eigenen Legestärke im Vergleich zum Gegner: wie sicher ist der Schießer im Vergleich zum gegnerischen, ist die zu schießende Kugel spieldominierend,

was könnte bei einem Treffer bzw. einem Fehlschuß alles passieren, könnten eigene Kugeln gefährdet sein, wer hat Kugelvorteile, wie ist der Spielstand, wie hoch ist aufgrund der Bodenbeschaffenheit die Wahrscheinlichkeit eines Carreaus oder Palets, traut man sich zu, selbst bei einem Kugelnachteil dem Gegner mit einem guten Schuß zu imponieren (und ihn damit vielleicht aus dem Konzept zu bringen), ist es vorteilhaft, in einer Verteidigungs-

Ein deutsches Team bei der Weltmeisterschaft in Epinal 1986. (oben)

situation durch einen Schuß Punkte zu nehmen, um die Niederlage noch abzuwenden und – nicht zuletzt – vor allem im Triplette, ist die Entscheidung die Team-Entscheidung? Man hat es schon erlebt, daß selbst sehr gute Mannschaften an einer solchen Entscheidung „zerbrachen". Ein gutes Team zeichnet sich nicht nur vor einer solchen Entscheidung vor allem dadurch aus, daß jeder eine realistische Selbsteinschätzung vornimmt, und das den anderen auch vermittelt. Dem Spielstand entsprechend wird auch Risikobereitschaft von allen getragen, d. h. auch ein Mißlingen kann weggesteckt werden, es werden daraus zwar Folgerungen gezogen, aber man beschäftigt sich immer mit den nächsten Kugeln und nicht zu lange mit den vergangenen Möglichkeiten.

Natürlich ist man in zweifelhaften Situationen und nach der gespielten Kugel, und wenn sie mißglückt, immer schlauer, und es ist wohl besonders ärgerlich, wenn ein wohlmeinender Gegner einen dann über die „richtige" Taktik belehrt.

Die Taktik der Mannschaft hängt wesentlich von der Spielstärke jedes einzelnen Spielers und zusammen von der Spielstärke der Mannschaft ab. Die theoretisch besten Spielzüge sind relativ sinnlos, wenn die Wahrscheinlichkeit ihrer Ausführbarkeit gegen Null geht und schlicht unwahrscheinlich ist.

Es ist auch eine der schönsten Erfahrungen bei diesem Spiel, daß sich mit den zunehmenden eigenen Fähigkeiten auch die spielerischen, taktischen Möglichkeiten der ganzen Mannschaft im Laufe der Zeit ständig verbessern.

Zahl der noch spielbaren Kugeln

Hat eine Mannschaft mehr ungespielte Kugeln als die andere, so ist sie ihr gegenüber im Vorteil, denn jede ungespielte Kugel bedeutet die Chance, einen Punkt zu machen. Dieser Kugelvorteil gibt die Freiheit zu offensiverem und riskanterem Verhalten. Bei Gelingen des gewagten Zuges gerät der Gegner weiter ins Hintertreffen, bei Mißlingen kann er schlimmstenfalls gleichziehen.

Dazu ein Beispiel:
Mannschaft A hat noch vier spielbare Kugeln und ist am Spiel, Mannschaft B hat noch zwei. B hat den Punkt mit einer Kugel, die 10 cm links vom Ziel liegt. A hat den zweiten Platz mit einer Kugel, die links vom Punkt etwas weiter entfernt als die gute Kugel von B liegt. Beide Kugeln berühren sich. Den dritten Platz hat wieder B mit einer Kugel 25 cm hinter dem Ziel. Der nächste Platz ist bei A, 30 cm vor dem Ziel. Die restlichen Kugeln von B liegen 40 cm links und 50 cm rechts vom Ziel.

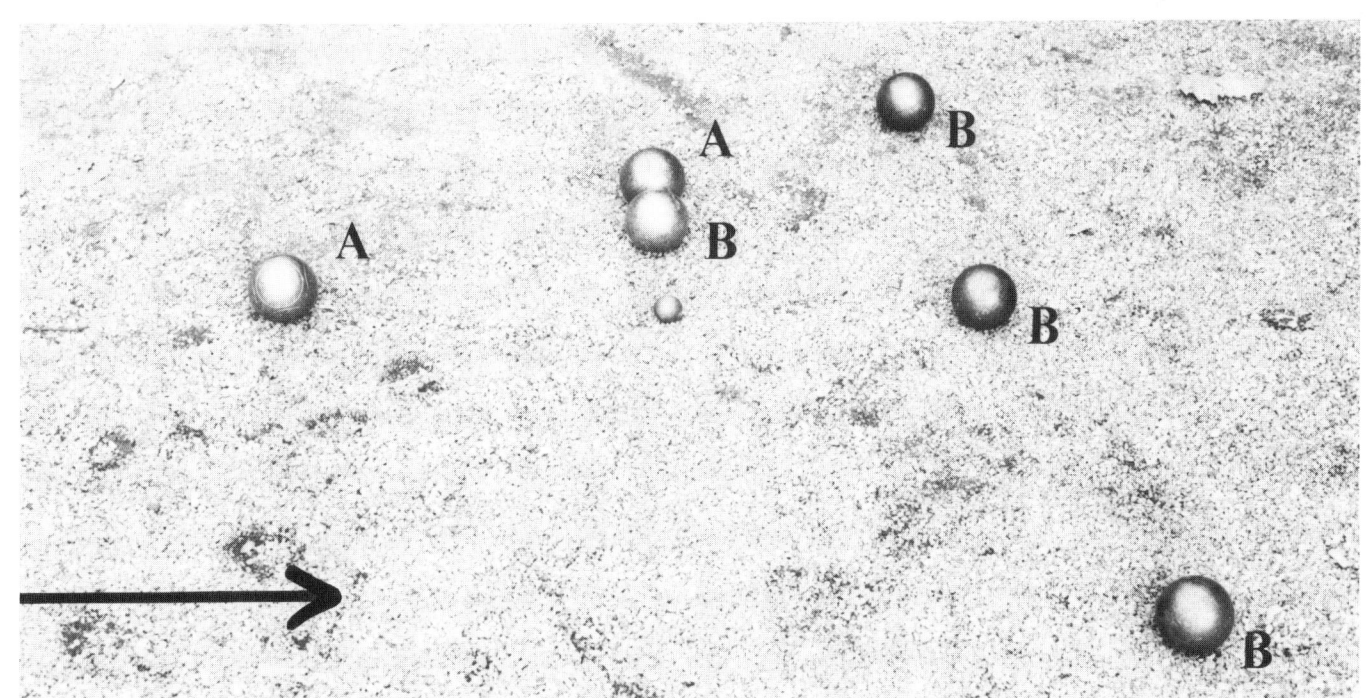

A hat jetzt einen Vorteil von zwei Kugeln und entschließt sich zu einem Schuß auf den Punkt, obwohl das Risiko hoch ist, die eigene Kugel mitzureißen oder allein zu treffen. Geschähe dies, so behielte B den Punkt mit der Kugel hinter dem Ziel oder hätte gar zwei Punkte, die links vom Ziel und die dahinter. Träfe der Schuß keine Kugel, so behielte B ebenfalls den Punkt. A ist trotz des zusätzlichen Risikos, daß der Schießer nicht treffsicher ist, zu diesem Versuch bereit.

Die Überlegungen sehen anders aus, wenn nach zwei Schußversuchen die Kugeln noch immer unverändert im Spiel liegen. Ein weiterer Schußversuch wäre bei einem sicheren Schießer bei zwei spielbaren Kugeln pro Mannschaft angebracht, besteht doch die Chance einen Volltreffer zu machen und damit mit zwei Punkten in Führung zu gehen. Da A aber den eigenen Schießkünsten nicht traut, beschließt die Mannschaft in dieser veränderten Situation, einen Punkt durch Legen zu gewinnen, wobei die zusätzliche Hoffnung besteht, die eigene, vorn liegende Kugel näher an das Ziel zu drücken.

Ein Kugelvorteil liegt auch vor, wenn man als Folge der Auslosung nach dem Gegner zu spielen hat. Er wird gelegentlich als Zeitvorteil bezeichnet. An einem theoretischen Beispiel läßt sich zeigen, daß selbst dieser Kugelvorteil Gewinnchancen beinhaltet: A legt eine Kugel nah ans Ziel, B schießt einen Volltreffer und schickt A's Kugel in unerlaubtes Gelände. Fahren beide in dieser Manier fort, so hat B am Ende der Aufnahme einen Punkt. In der nächsten Aufnahme beginnt B, und A gewinnt den Punkt. So geht das Spiel bis zum Stand von 12 : 12. In der 25. Aufnahme beginnt wieder A, und B gewinnt somit das Spiel. A darf sich also auf diese Art zu spielen nicht einlassen. (Praktisch hat wohl noch niemand so ein Spiel versucht).

Lage der Kugeln im Spiel

Die Lage der Kugeln im Verhältnis zueinander und zum Ziel ist Gegenstand ständiger Erörterungen innerhalb der Mannschaften und zwischen den Gegnern. Abgesehen von der wichtigen Frage, welche Kugel den Punkt hat, steht im Mittelpunkt des Interesses, wie man mit einem Wurf etwas verändern soll, mit welchem Wurf es am geschicktesten getan werden kann und welche bösen Folgen ein mißlungener, aber auch ein geglückter Wurf haben kann. An diesen Fragen können sich Mannschaften zerstreiten, hier gibt der Gegner gern auch mal einen Ratschlag, wohlgemeint gelegentlich, manchmal ein bißchen hinterhältig.

Wenn der nächste Spielzug ausgewählt wird, steht im Hintergrund zuerst immer die Frage, ob das eigene Können ausreicht, den Wurf wie beabsichtigt zu realisieren, und wie diese Aussicht im Verhältnis zur Zahl der noch spielbaren Kugeln zu beurteilen ist. Zeigt sich, daß angesichts der Bodenverhältnisse beim Legen oder angesichts der eigenen, bisherigen Trefferquote beim Schießen die erforderliche Präzision unwahrscheinlich ist, so nimmt man besser Abstand von der eleganten Lösung und verlegt sich auf Einfacheres.

Theoretisch gibt es immer eine beste Lösung: Man soll eine Kugel direkt an das Ziel legen, man soll eine andere Kugel so berühren, daß sie eine dritte wegstößt, man soll so schießen, daß die getroffene seitlich davon rollt oder hinten eine weitere mitreißt. Für den durchschnittlichen Spieler wäre so ein gutes Ergebnis ein seltener Glücksfall. Ihm passiert dann leider häufiger das Mißgeschick, die eigene statt der fremden Kugel zu treffen. Oder die ungenau getroffene Kugel läuft gerade von der Position links vom Ziel zu einer noch besseren rechts davon.

Deshalb ist die zweite Frage immer die nach den unbeabsichtigten Folgen eines ungenau geglückten oder gänzlich mißlungenen Wurfs. Welche Veränderungen sind mit hoher Wahrscheinlichkeit zu erwarten und kann man sie sich angesichts des Punktestandes und der Kugelzahl noch leisten, ohne sofort in die dringende Gefahr der Niederlage zu geraten.

Im Folgenden sind einige typische Situationen dargestellt:

Die erste Kugel

Liegt sie kurz **vor dem Ziel** oder auf dem eventuell nicht geraden, optimalen Weg dahin, so stellt sie für die gegnerische Mannschaft eine Gefahr dar. Sie kann versehentlich weiter ans Ziel gedrückt werden und zwingt daher beim Legen, einen anderen, oft ungünstigeren Weg zu wählen. Sie liegt „im Weg", „hindert", „stört". Sie wird daher häufig weggeschossen und ist selbst dann noch gefährlich, weil sie das Ziel beim Wegrollen mit sich nehmen kann. Auch im Verlaufe der Aufnahme ereilt eine Kugel vor dem Ziel häufig das Schicksal, geschossen zu werden.

Ist sie **mittelmäßig, seitlich** plaziert (ca. 30 cm Abstand), so kann das beim Gegner Zweifel aufwerfen, ob Schießen nötig oder Legen angebracht ist. Nicht selten entschließt er sich zum Legen, erreicht eventuell den Punkt nicht und gerät in Kugelnachteil. Die anfängliche Verunsicherung führt, falls Schießen gewählt wurde, womöglich zu einem Fehlversuch des Schießers, weil er von der Richtigkeit der Maßnahme nicht überzeugt war.

Liegt die erste Kugel **hinter dem Ziel,** so bietet sie dem Gegner Chancen. Sie stört nicht und kann sogar zum Abbremsen für eine zu schnell gespielte Kugel genutzt werden, die dann den Punkt hätte. Man kann sich „an-oder auflegen".

Beim Legen der ersten Kugel schaut der Gegner häufig genau zu, denn er kann an einem Beispiel erfahren, wo der „Weg" verläuft oder nicht verläuft und welche Eigenschaften der Boden hat. So wertvoll diese Informationen sind, so unzuverlässig oder kaum verwendbar können sie sein. Je nach Wurfart kann sich ein anderer Weg anbieten, häufig gibt es mehrere. Und manchmal macht eine angeschnittene Kugel eine Kurve, für die man womöglich eine nicht vorhandene Bodenneigung verantwortlich macht. Es soll trickreiche Spieler geben, die auf diese Weise die Gegner täuschen, so daß deren Kugel dann weit neben das Ziel rollt und „nicht mitspielt", nicht „im Spiel" ist.

Kugel direkt am Ziel

Hier ist mit Legen kaum ein Erfolg zu erreichen. Vielleicht kann man die Kugel etwas anstoßen und so vom Ziel entfernen, doch müßte man eine gehörige Portion Glück haben. Liegt die Kugel vor dem Ziel, so wird sie wahrscheinlich das Ziel „mitnehmen", ein Effekt, der in Frankreich „biberon" genannt wird, vielleicht mit „Saugeffekt" zu übersetzen.

Hat man noch genügend Kugeln, so ist zu schießen, andernfalls sollte man dem Gegner diesen Punkt lassen und ihn daran hindern, weitere hinzuzufügen. Schießen allerdings hat meist den Nebeneffekt, daß das Ziel wegrollt. Man sollte daher vorher überprüfen, in welche Richtung es wohl wandern wird und ob der Gegner dadurch nicht zu viele Vorteile, sprich Punkte erhält.

Anspielen einer Kugel

Beim Legen bietet sich häufig die Möglichkeit, eine eigene, vor dem Ziel liegende Kugel anzustoßen, bis sie den Punkt hat (Drücken), eine gegnerische Kugel so zu berühren, daß sie weiter vom Ziel entfernt wird (Weg- oder Herausdrücken), oder aber eine eigene oder eine gegnerische Kugel, die seitlich vor dem Ziel liegt, so anzuspielen, daß die gespielte Kugel in Richtung des Ziels abgelenkt wird (frz. bec, auf deutschen Boule-Plätzen: „mit Bande" gespielt).

Der Bec bietet sich an, wenn der direkte Weg versperrt oder zu eng ist. Das Drücken wird häufig erst gegen Ende der Aufnahme versucht, um noch einen zusätzlichen Punkt mitzunehmen. Vorher läßt man die gute Kugel vorn gern in Ruhe, in der Hoffnung, der Gegner werde sie versehentlich hineindrücken.

Anspielen des Ziels

Befinden sich eigene Kugeln hinter dem Ziel, so kann man versuchen, das Ziel mit einer schnelleren Kugel mitzunehmen und zu diesem zu transportieren. Gelegentlich ist das der letzte Versuch nach einem mißlungenen Schuß auf den gegnerischen Punkt, der seitlich vom Ziel liegt. Dieser Legeversuch beinhaltet zusätzlich die Chance, den Punkt zu machen, wenn er zu kurz gerät oder die gegnerische Kugel anstößt.

Man sollte jedoch darauf achten, unbeabsichtigte Folgen eines gelungenen Versuchs noch korrigieren zu können. Es kann ja sein, daß das Ziel zu gegnerischen Kugeln läuft. Also besser nicht mit der letzten Kugel einen solchen Versuch unternehmen.

Schießen von Kugeln

Eine gegnerische Kugel wird geschossen, wenn sie den Punkt hat und man ihr den mit Legen vermutlich nicht nehmen kann. Je ungünstiger die Bodenverhältnisse, d. h. je schlechter man „hinkommt", desto eher werden auch ziemlich weit entfernte Kugeln geschossen.

In der Endphase der Aufnahme bietet sich ein Schuß an, wenn durch Entfernen von gegnerischen Kugeln eigene zu Punkten werden, die bis dahin in ungünstigen Positionen lagen. Häufig taucht dann die Frage auf, ob genügend „Platz" vorhanden ist, sicherer durch Legen Punkte zu machen. Einem sicheren Schießer bieten sich gute Chancen, durch Volltreffer und retros zusätzlich das Punktekonto zu erhöhen.

Drücken, Anspielen einer Kugel

Mitreißen weiterer Kugeln

Bei Mißlingen eines Schusses, wozu auch ein ungenauer Aufprall gehören kann, kann die geschossene sowohl wie die Schußkugel unbeabsichtigte Verwüstungen anrichten. Diese Gefahr, die besonders für weiter hinten liegende Kugeln besteht, muß vorher abgeschätzt werden. Der Effekt wird in Frankreich carambolage genannt.

Natürlich kann die Carambolage auch geplant eingesetzt werden, wie ein Beispiel zeigt: Bebert de Cagnes, ein berühmter Champion, entfernte sich auf diese Weise eine hinter einem Baum versteckte, also unschießbare, gegnerische Kugel.

Die Karambolage des Bébert de Cagnes, ein spektakulärer Schuß auf eine vom Kreis aus nicht sichtbare Kugel. (nach Foyot)

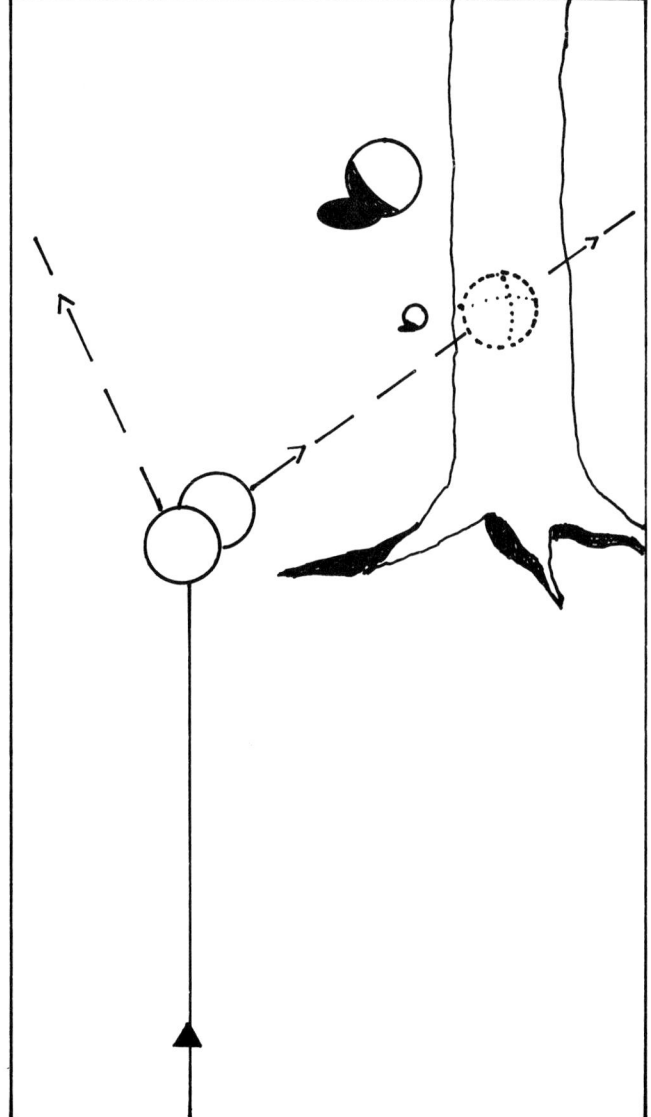

Unschießbare Kugeln

Liegt eine gegnerische Kugel unmittelbar vor der eigenen, so gilt sie als unschießbar. Die Wucht des Aufpralls würde sich unmittelbar auf die eigene Kugel übertragen und sie wegrollen lassen, während die geschossene Kugel liegen bliebe. Der umgekehrte Fall, die eigene vor der gegnerischen, kann durch einen Schuß auf die eigene, aber auch direkt auf die der anderen Mannschaft genutzt werden.

Als unschießbar gilt auch eine gegnerische Kugel, vor und hinter der eigene liegen. Nur ein weicher Schuß mit hohem Bogen, der die mittlere von der Seite berührt, würde helfen. Daß ein solcher „Kunstschuß" gelingt, ist äußerst unwahrscheinlich.

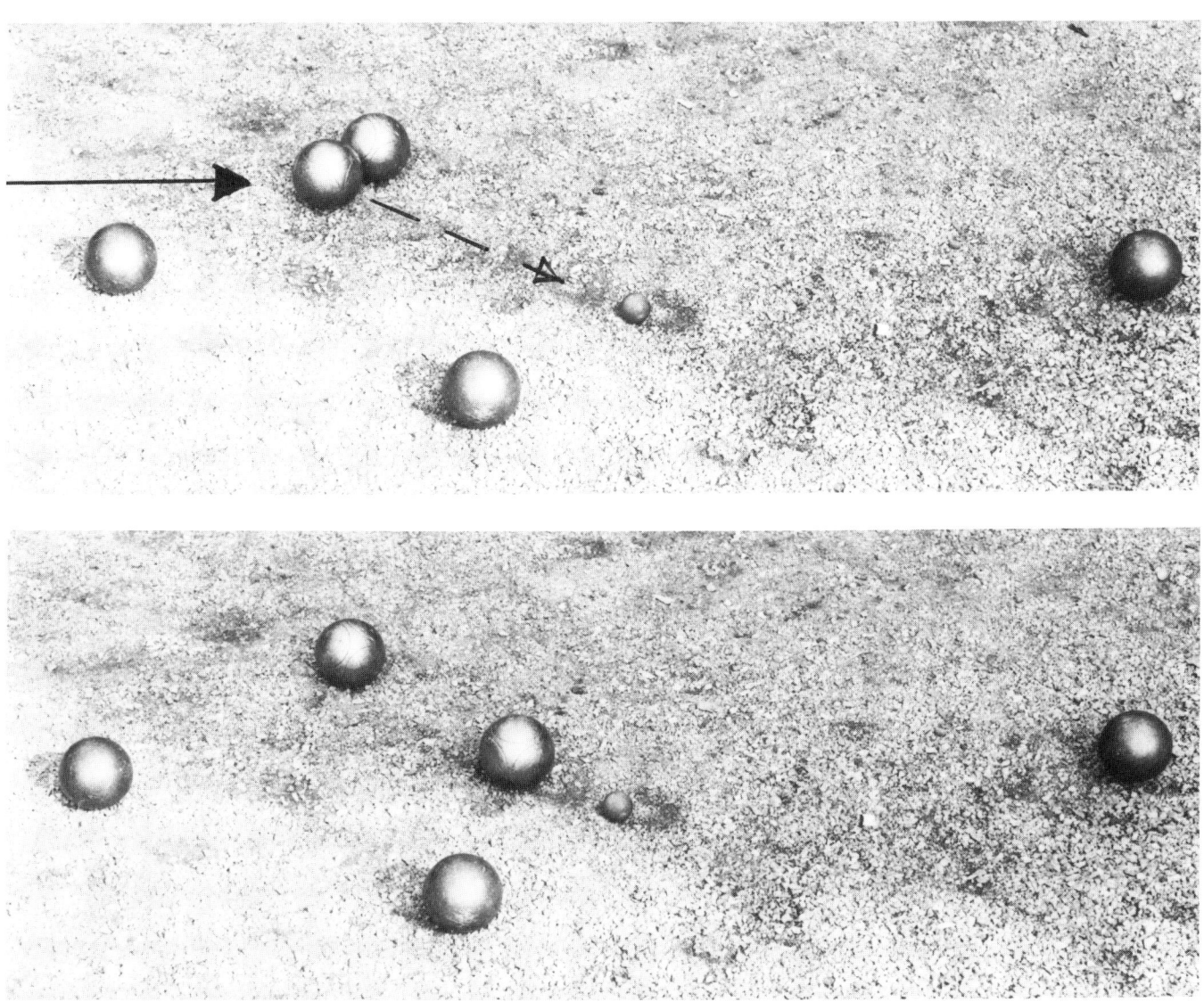

Beim Bec benutzt man wie beim Billard eine andere Kugel als Bande.

Schießen des Ziels

Hat man einen deutlichen Kugelvorteil und sind die meisten gegnerischen Kugeln in der Nähe des Ziels, so ist zu erwägen, das Ziel mit einem Schuß an einen freien Platz zu befördern, selbst wenn man den Punkt schon hat. Die Chancen, ungestört weitere Punkte zu machen, erhöhen sich beträchtlich.

Manchmal ist es auch sinnvoll, das Ziel in unerlaubtes Gelände („aus") zu schießen. Hat der Gegner keine Spielkugeln mehr, zählen die verbleibenden eigenen als Punkte. Sieht man für die Aufnahme einen hohen Punktverlust voraus, so kann der Schuß ins Aus zur Annulierung der Aufnahme führen. Man darf jedoch nicht mit der letzten Kugel schießen, weil dann bei Erfolg der Gegner Punkte für die ihm noch verbleibenden Kugeln erhält.

Die letzte(n) Kugel(n)

Die Verwendung der letzten Kugel sollte sorgfältig bedacht werden, denn danach ist nichts mehr zu reparieren.

Hat der Gegner noch „die Hände voll", so ist das größte Loch zu stopfen, z. B.
- dem Gegner den Weg zum Legen zu versperren,
- eine Kugel hinter das Ziel zu legen, die einen Punkt machen könnte, wenn der Gegner das Ziel schießen oder anspielen würde, oder durch Legen, Wegdrücken oder Schießen ihm einen schon gewonnenen Punkt zu nehmen.

Aber auch wenn der Gegner keine Kugeln mehr hat, man also die allerletzte Kugel der Aufnahme spielt, ist Sorgfalt geboten. Zu den unerwarteten Folgen einer zu schnell rollenden oder daneben geschossenen Kugel kann gehören, daß schon gewonnene Punkte wieder verschwinden oder daß eine schlecht liegende, gegnerische Kugel ans Ziel rollt, und er wider Erwarten den Punkt macht und die Aufnahme gewinnt.

Ist die Konstellation zu gefahrenträchtig, so wird die letzte Kugel schon mal deutlich zu kurz gespielt, oder man läßt es überhaupt und begnügt sich mit dem Erreichten. Oft murmelt dann der Gegner etwas über unfaires Spiel.

Aus Überlegungen dieser Art ist wohl der oft gehörte Satz entstanden: Mit der letzten Kugel schießt man nicht. Jedoch Schießer, die ihr Metier beherrschen, scheuen sich nicht vor diesem riskanten Spielzug.

Am Ende einer Aufnahme

Phasen des Spiels

Die **erste Aufnahme** setzt häufig die Akzente für den weiteren Verlauf des Spiels. Sie dient dazu, den Gegner und sein Können kennenzulernen und die eigene Tagesform einzuschätzen. Dies Wissen kann im weiteren Verlauf des Spiels effektvoll eingesetzt werden. Verlauf und Ergebnis der ersten Aufnahme hinterlassen meistens einen nachhaltigen Eindruck, darum ist es wichtig, zäh um jeden Punkt zu kämpfen.

In der **Phase bis Punkt 7** lohnt es sich, riskanter zu spielen und auch gewagtere Züge zu versuchen, wenn sich die Chance bietet, mehrere Punkte auf einmal zu machen. Mißlingt dies oder gewinnt gar der Gegner mehrere Punkte, so droht noch keine Katastrophe. Man kann bei vorsichtigerem Spiel wieder Boden gut machen.

Ab Punkt 7 wächst die Wahrscheinlichkeit und Gefahr, daß die Mannschaft, die diese Zahl erreicht hat, mit einer Aufnahme (bei sechs Kugeln je Mannschaft) Schluß machen kann. Man muß also auf der Hut sein.

Zwischen Punkt 7 und 9 liegt eine spielentscheidende Phase. Wer hier einen Vorteil herausarbeiten kann, bekommt die Gelegenheit, schnell den 13. Punkt zu machen. Es ist daher besser, ab jetzt auf riskante Spielzüge zu verzichten.

Ab Punkt 9 beginnt die **Endphase.** In dieser wird alles Vernünftige getan, um in der Aufnahme mehrere Punkte zu machen, und alles unterlassen, was dem Gegner die Gelegenheit dazu bieten könnte. Beim Spielstand von 10 : 10 kann es fatal sein, bei glücklichem Spiel aus der laufenden Aufnahme aus Unachtsamkeit nur zwei statt der möglichen drei Punkte mitzunehmen. Das Glück kann sich drehen, der Gegner gewinnt Mut und entscheidet das Spiel in der folgenden Aufnahme.

Die Endphase ist durch erhöhte Anspannung gekennzeichnet. Wer diesem − ihm häufig nicht bewußten − Druck nicht standhält, erlebt oft unverständliche Fehlleistungen.

Liegt für den Gegner der **13. Punkt,** so helfen nur noch kühne Maßnahmen, insbesondere wenn seine Kugel gut plaziert ist. Dann muß sie weggeschossen werden.

Psychologisches

Wie in jedem Spiel, bei dem sich zwei Gegner gegenüber stehen, spielen psychologische Einflüsse eine große Rolle. Das Selbstvertrauen, der Siegeswille, der Zusammenhalt der Mannschaft, aber auch das Image des Gegners und der Respekt, den man vor ihm hat, beeinflussen nicht nur die Zuverlässigkeit der fast feinmotorischen Bewegungssteuerung beim Spiel, sondern auch die Güte und Abgeklärtheit der taktischen Entscheidungen.

Hinzu kommt der Einfluß der Stimmung der einzelnen und die Atmosphäre auf dem Platz. Meistens ist sie gesellig und kameradschaftlich, bei gutem Wetter und Sonnenschein gleichen Wettbewerbe oft großen Festen.

Beginnt aber ein Spiel, so setzt die belebende Spannung ein, die die Auseinandersetzung mit dem eigenen Können und mit einem physisch präsenten Gegner mit sich bringt.

Je nach Spielsituation und Persönlichkeit hat diese Spannung sehr unterschiedliche Auswirkungen, deren sich der Spieler oft erst nach längerer Erfahrung bewußt wird. Manchen gibt sie Auftrieb, und sie entwickeln ihr Können voll, andere sind von vornherein entmutigt und werden weit unter Wert geschlagen. Teil des Spieles ist, sich den negativen Wirkungen dieser Spannung zu entziehen oder den Gegner unter Druck zu setzen. Selbstvertrauen und Konzentrationsfähigkeit scheinen die besten Voraussetzungen für den Erfolg zu sein, Zweifel an sich selbst oder den Part-

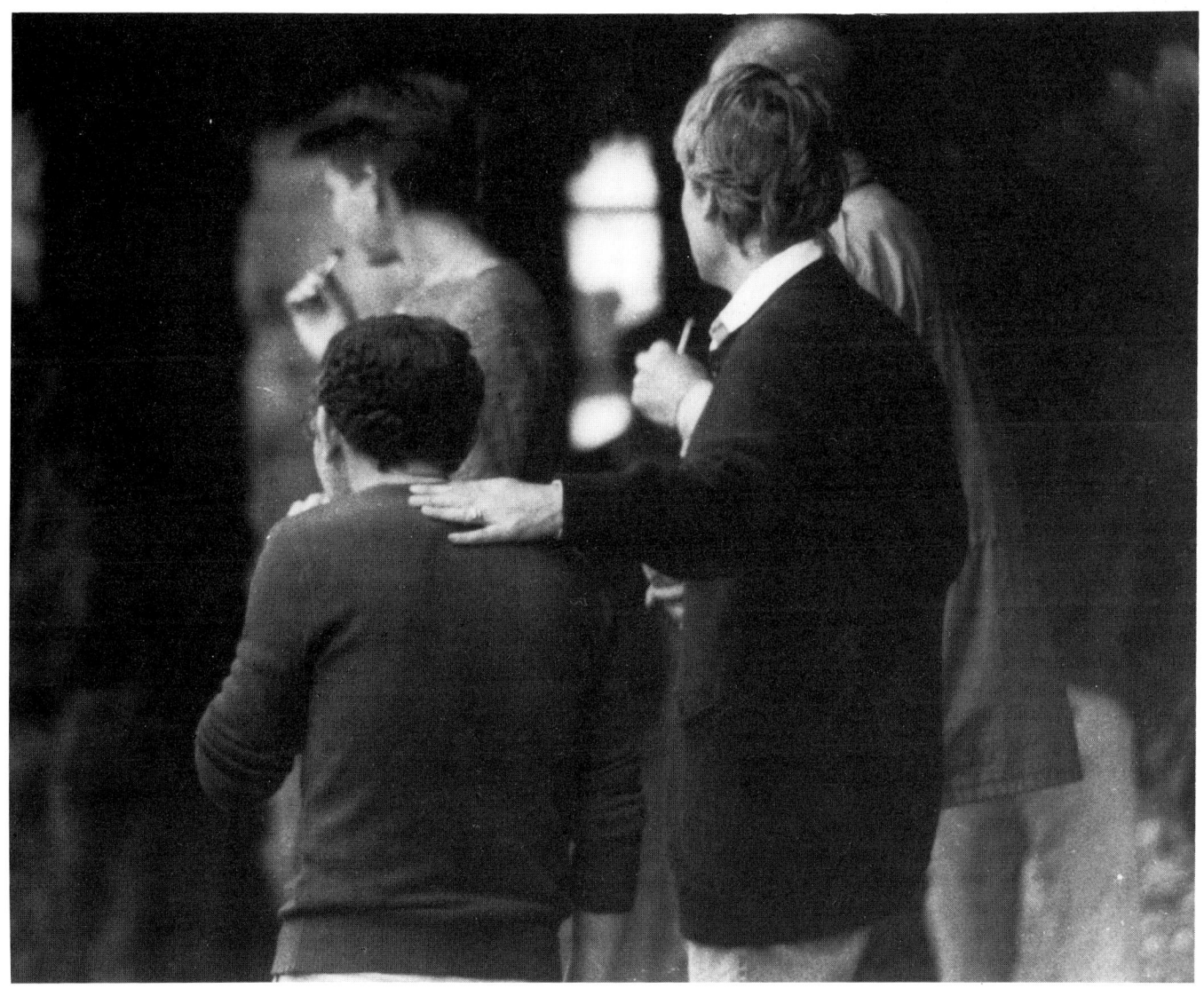

Ermunterung oder Lob?

nern führen ebenso wie mangelnde Konzentration schnell auf den Weg der Niederlage. Dieselbe Folge hat oft Überheblichkeit gegenüber dem Gegner, vielleicht über den Umweg nachlassender Aufmerksamkeit.

In diesem nicht ganz einfachen Geflecht lassen sich einige Aspekte näher beschreiben:

Situation in der Mannschaft

Partner in erfolgreichen Mannschaften passen auch persönlich gut zueinander, kennen einander gut und sind häufig Freunde. Dementsprechend sind die Erwartungen an die Partner an den tatsächlichen Fähigkeiten orientiert, und man erlebt miteinander wenige Enttäuschungen. Man hat leichter Verständnis füreinander, und weiß, wie man sich gegenseitig über Stimmungsschwankungen hinweghelfen kann.

Wichtig für eine Mannschaft ist das gegenseitige Vertrauen, daß sich alle dem gemeinsamen Ziel, gewinnen zu wollen, unterordnen wer-

den, daß z. B. keiner zur falschen Zeit mit seinen besonderen Fähigkeiten brillieren wird. Dieses Vertrauen in die gemeinsame Leistungsbereitschaft und -fähigkeit wird stark beeinflußt durch die Geschwindigkeit, mit der Entscheidungen über den nächsten Spielzug herbeigeführt werden können. Schnelle Entscheidungen geben Sicherheit, besonders wenn sie sich hinterher als richtig erweisen.

Häufig übernimmt zu diesem Zweck einer die Führung während des ganzen Spiels, entscheidet allerdings erst, wenn die anderen um ihre Meinung gefragt wurden. Andere, weniger starre oder weniger hierarchische Strukturen sind denkbar und werden auch praktiziert.

Die Kommunikation zwischen den Gegnern

Den nachhaltigsten Eindruck hinterlassen gute oder schlechte Spielzüge und Punktgewinne oder -verluste. Aber auch das sonstige Verhalten und das Auftreten haben Einfluß, und ebenso natürlich die Bemerkungen und kleinen Unterhaltungen, die während des Spiels üblich sind. Pétanque ist ein kommunikatives Spiel, und jeder nimmt sich die Zeit dazu.

Die eigenen Chancen verbessern sich, wenn man den Gegner schnell kennenlernt und Mittel findet, seine Sicherheit und sein Selbstvertrauen zu untergraben. Hier kommen Gelände- und Distanzwahl ebenso ins Spiel wie klug angelegte Spielzüge und insbesondere frühe Erfolge, z. B. die gewonnene erste Auf-

nahme. Jede verlegte Kugel, jedes Loch zehrt an den Nerven der Gegner, ganz abgesehen von den verlorenen Punkten. Ein Zeichen beginnender Verunsicherung ist oft in der Unentschlossenheit über den nächsten Spielzug zu sehen.

Aber Vorsicht, der Gegner kann auch Unsicherheit nur vorspielen, etwa um das Spiel zu verzögern und damit den Rhythmus zu verän-

dern. Oder um die andere Mannschaft in Sicherheit zu wiegen und zu Nachlässigkeiten zu provozieren. Es gibt viele Facetten in diesem erlaubten psychologischen Spiel. Die Regeln untersagen nicht, daß eine Mannschaft sich selbst darstellt, ob nun als harmonisch oder zerstritten.

Das Spiel der Beeinflussung kann bis hart an die Grenze der Störung gehen, wenn man mit den eigenen Partnern Kommentare über die eigenen oder gegnerischen Leistungen austauscht – von Lob bis zu schweigender, aber deutlicher Mißbilligung. Oder wenn man mit dem Gegner über die Einhaltung der Spielregeln oder die Messung der Punkte hadert.

Es ist eine Frage der Selbstsicherheit und der Konzentration, ob man kühl bleibt und versteckte Absichten erkennt und abwehrt oder ob man sich beeindrucken läßt und weich wird. Gelegentlich können die Anforderungen da hoch sein.

Die Grenze des Erlaubten ist allerdings erreicht, wenn der Gegner, während man sich selbst auf den Schuß konzentriert, „aus Versehen" eine Kugel fallen läßt. Dann heißt es warten, bis die Ruhe wieder eingekehrt ist.

Unfälle – beim Pétanque?

Eine fast amüsante Geschichte wird aus Draguignan in der Provence berichtet. Ein Mann aus einem versteckten Dorf in den Bergen, der einmal im Jahr in der Stadt seine Einkäufe erledigte, nahm die Gelegenheit wahr, bei einem Pétanque-Turnier mit vielen berühmten Champions zuzuschauen. Er hatte sich einen Platz in einer der vorderen Zuschauerreihen gesucht und verfolgte gespannt das Spiel.

Und es entwickelte sich ein zäher Kampf, von dem auch die anderen Zuschauer gefesselt waren. In einer Phase des Spiels warf ein Spieler eine Kugel sehr, sehr hoch. Aber er schien ihren Flug nicht genau genug geplant zu haben, denn sie verschwand in einer großen Platane – und kehrte nicht sofort zurück. Die Kugel war offensichtlich in den Ästen hängen geblieben und lief langsam durch das Gezweig herunter. Jedenfalls tauchte sie überraschend über dem

Bergbewohner auf und fiel ihm aus geringer Höhe auf den Kopf.

Er hatte seinen Hut aufbehalten, so daß der Schlag gemildert wurde. Trotzdem, der Schreck war groß. Eine Beule entstand wohl auch. Er schrie auf: Ich bin gestorben, man hat mich getötet. Auf provenzalisch natürlich: siooou mort; m'a teua!

Eine große Aufregung entstand. Man massierte seinen Kopf. Das Spiel war unterbrochen. Um die Sache zu beenden, nahm ihn schließlich der unglückliche Spieler am Arm, führte ihn zum nächsten Café, von wo er das Spiel noch gut beobachten konnte. Dann bestellte er ihm ein Getränk und sorgte für seine Betreuung. Der Kellner brachte ihm feuchte Tücher für seinen Kopf. Das Spiel ging weiter, alles beruhigte sich.

Dann geschah das nächste Unglück. In einem etwas weiter entfernten Spiel traf ein Spieler das Ziel so voll, daß es einen riesigen Satz machte – und dem armen Verletzten genau zwischen die Augen sprang. Keuchend fiel er vom Stuhl.

Das Publikum, noch nervös vom ersten Ereignis, brach jetzt in Gelächter aus, dem sich wohl keiner entziehen konnte.

Der Mann verbrachte zur Beobachtung einige Tage im Krankenhaus, doch ihm war nichts Ernstes zugestoßen.

(nach Roggero, s. Lit.verz.)

Ganz ungefährlich ist das Spiel also wohl nicht, und Spieler und Zuschauer müssen ihre Augen offen halten. Eine Kugel, die auf den Fuß fällt, verursacht Schmerzen, kann aber auch einen Zeh brechen. Schlimmer sind fliegende Schußkugeln. Es ist deshalb wichtig, jeden darauf aufmerksam zu machen, daß ein Schuß geplant ist. Laufen Kinder in der Nähe, so muß das Spiel unterbrochen werden, bis sie zur Seite genommen wurden. Spielen auf einem Platz mehrere Mannschaften zugleich, so sorgen meist die Spieler dafür, daß weitlaufende Schußkugeln angehalten werden, bevor sie die Füße eines Unbeteiligten erreichen.

Bei solchen Vorsichtsmaßnahmen ist es nicht verwunderlich, daß kaum über Unfälle zu berichten ist. Dennoch, gelegentlich geschieht das Unvorhergesehene, z. B. dem Spieler, der abseits vom Spiel ein wenig zur Übung schoß. Während er ausholte, bückte sich hinter ihm jemand und wurde vom Schwung holenden Arm mit der Kugel am Kopf getroffen. Zum Glück geschah auch hier nichts Ernstes.

Meunier (s. Lit.verz.) hat in seiner Dissertation festgestellt, daß selbst beim bewegungsreicheren Boule Lyonnaise die Zahl der Verletzungen sehr gering ist. Auch für Pétanque dürfte sein Ergebnis zutreffen, daß Zuschauern am häufigsten Gefahr von einem wegfliegenden Ziel droht, Spielern sich dagegen eher mit den Kugeln weh tun.

Zum Schutz gegen Unfallfolgen beinhaltet in Frankreich die Lizenz eine Versicherung, in Deutschland bietet eine Club-Mitgliedschaft diesen Schutz.

Kugeln und Spielzubehör (Auswahl der Kugeln)

Die Ausrüstung für Pétanque ist vergleichsweise einfach und kostengünstig. Für eine komplette Ausstattung sollten zunächst DM 200,- genügen. Es gehören dazu:
- drei Spielkugeln (ein Satz)
- das Ziel
- ein Tuch (zum Säubern der Kugeln)
- ein Meßgerät (zum Abstandmessen)
- eine Tasche

Während in Frankreich diese Gegenstände in Sportgeschäften leicht zu haben sind, muß man in Deutschland etwas suchen. Manche großen Sportgeschäfte haben Kugeln oder können sie besorgen, haben aber leider nur eine kleine Auswahl.
Die Pétanque-Vereine (s. Adressenliste im Anhang) können Auskünfte geben. Auf den Spielplätzen der Vereine kann man sich nach weiteren Bezugsquellen erkundigen und bei dieser Gelegenheit schon einmal an den Kugeln einiger Spieler Maß nehmen.

Es gibt zudem Direktimporteure der französischen Hersteller, die auch den Rest der Ausrüstung liefern können und die oft bei Wettbewerben einen kleinen Stand haben.
Wenn alles nichts hilft, empfiehlt es sich, die nächste Reise nach Frankreich zu nutzen oder sich unmittelbar an den Hersteller zu wenden. Die Adressen sind ebenfalls im Anhang aufgeführt.

Die Kugeln
Spielkugeln bestehen heute überwiegend aus Stahl. Sie müssen ein Gewicht zwischen 650 und 800 g haben (vor dem 1.1.1984 lag die Untergrenze bei 620 g). Ihr Durchmesser kann zwischen 70,5 und 80,0 mm variieren.
Sie müssen völlig rund sein, und ihr Lauf darf durch keine Unwucht beeinträchtigt werden. Sie sind also zentriert und ausgewogen, ihr Schwerpunkt liegt im geometrischen Mittelpunkt. Diese Eigenschaften lassen sich prak-

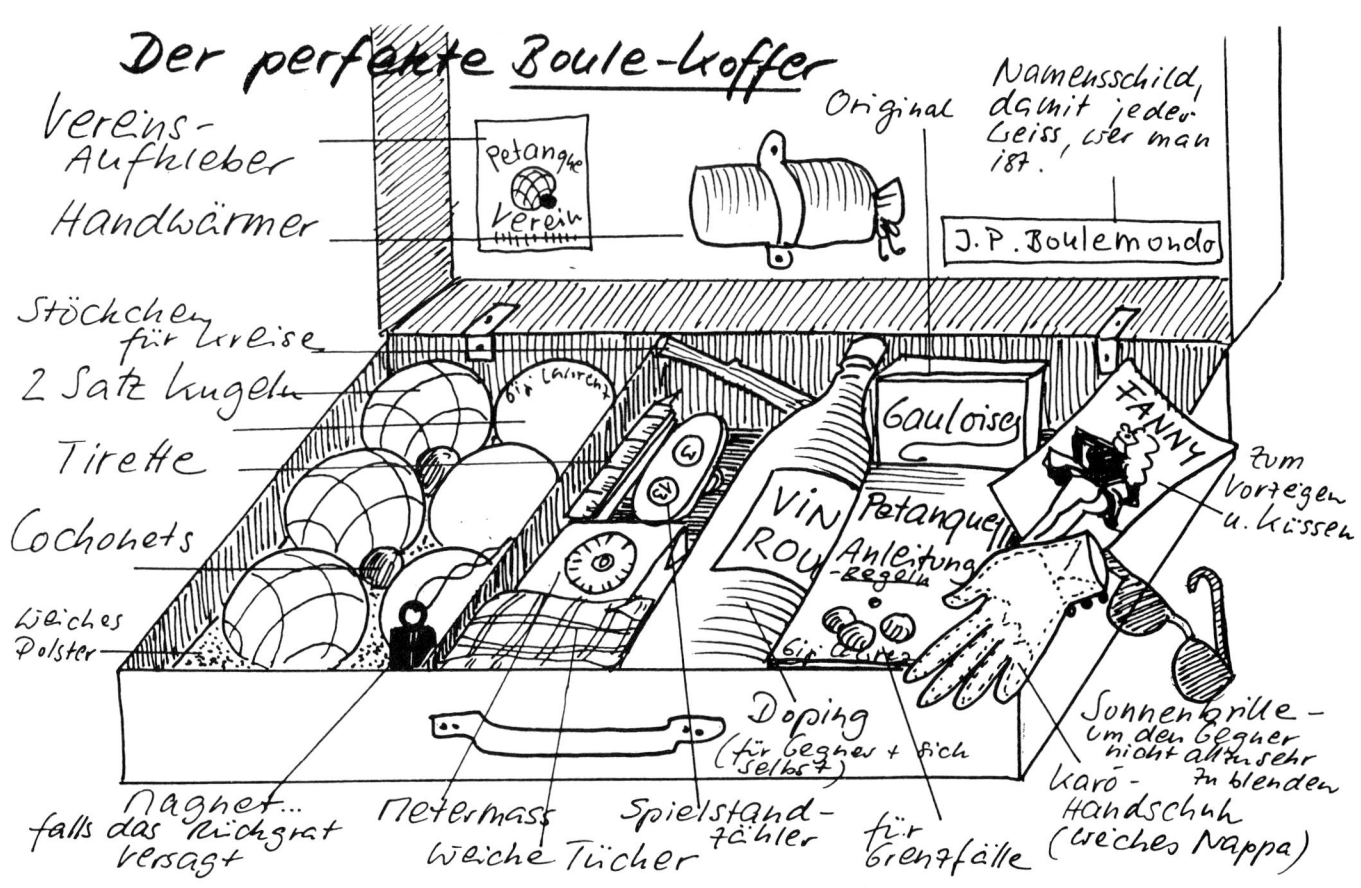

tisch nur bei präziser Fertigung von Metallkugeln erreichen.

Um Freude am Spiel zu haben und erfolgreich zu sein, sollte der Spieler und insbesondere der Anfänger darauf achten, Kugeln für sich auszuwählen, die ihm liegen und die ihm helfen, die von ihm bevorzugte Spielweise und/ oder die beabsichtigten Effekte auch zu verwirklichen. Es gibt einige Kriterien, an denen man sich orientieren kann:

Qualität und Kosten

Kugeln mit guter Qualität, d. h. Haltbarkeit, Rundheit und Ausgewogenheit werden von den Herstellern geliefert, deren Marken vom Pétanque-Verband für Wettbewerbe zugelassen sind. Häufig haben ihre Produkte eine Haltbarkeitsgarantie.
Abhängig von der speziellen Bearbeitung bieten sie Kugeln für das Freizeitspiel (frz. loisir) oder für Wettbewerbe (frz. compétition) an, die natürlich im Preis differieren. Ein Satz von

drei Kugeln, den man sich von Anfang an anschaffen sollte, um allen möglichen Mannschaftsformationen gerecht zu werden, kostet zwischen DM 50,- und 150,-.
Es ist sinnvoll, sich auch als Anfänger haltbare Kugeln zu beschaffen, mit denen man längere Zeit spielen kann, ohne daß sie eventuell im Spiel zerschossen werden. Man hat dann die Möglichkeit, sich an sie zu gewöhnen. Mit der Gewöhnung steigt der Spielerfolg. Es ist deshalb davon abzuraten, sich in einem französischen Kaufhaus an preiswerte Angebote zum Probieren zu halten, zumal die Preisunterschiede nicht wirklich groß sind.
Mit wachsender Erfahrung erwacht oft das Bedürfnis, sich weitere Kugelsätze zuzulegen, mit denen man als Leger oder Schießer erfolgreicher sein kann oder auf unterschiedlichen Terrains bessere Ergebnisse erzielt. Es gibt ernsthafte Sportler, die eine größere Auswahl von Sätzen im Kofferraum ständig mit sich führen.
Die für das Spielverhalten der Kugeln wichtigen Auswahlkriterien sind:

Größe und Gewicht

Weit überwiegend werden Kugeln mit einem Durchmesser von 72 bis 76 mm und einem Gewicht von 690 bis 740 g verwendet. Bei der Auswahl gilt zunächst, daß die Kugel gut in der Hand liegen muß, d. h. Größe der Handfläche und Länge der Finger spielen eine Rolle, aber auch die Kraft des Armes. Darüberhinaus kommt zum Tragen, ob man mehr zum Legen oder zum Schießen tendiert. Zum Legen eignen sich eher kleinere und schwerere Kugeln, zum Schießen eher leichtere und größere. Ein Hersteller hat das einmal in einer Tabelle dargestellt:

	Leger	Mittelspieler	Schießer
Durchmesser	72	73 - 74	75 - 76 mm
Gewicht	710 - 730	700 - 710	690 - 700 g

Die Gründe sind einleuchtend: Eine schwere und kleinere Kugel hält unbeeindruckt durch Hindernisse am Boden ihren Weg und bietet zudem dem Schießer ein kleineres Ziel; eine größere und leichtere berührt vielleicht auch noch bei ungenauem Schuß das anvisierte Ziel und ermüdet bei häufigem Schießen den Arm nicht so sehr.

Abgesehen von diesen Vorschlägen, kann man die Größenwahl nach Gefühl vornehmen: Eine Kugel, die gut in der Hand liegt, ist zum Legen eher geeignet, wenn die Fingerkuppen ein wenig über die äußere Wölbung

hinausgehen. Reichen Sie gerade bis zur Wölbung, dann sollte man die Kugel zum Schießen verwenden.

Linienmuster

Man kann Kugeln kaufen, die eine glatte Oberfläche oder eine Vielzahl eingravierter Linien haben. Diese Musterung hilft nicht nur, verschiedene Kugelsätze voneinander zu unterscheiden, sondern hat auch funktionale Auswirkungen.

Glatte Kugeln haften weniger an der Hand, gleiten also leichter heraus, lassen sich andererseits aber auch schlechter beim Ausgleiten führen und z. B. mit einer Eigendrehung versehen. Gemusterte Kugeln greifen wegen ihres Profils besser auf dem Boden. Deshalb werden glatte oder mit wenigen Linien versehene Kugeln eher zum Schießen verwendet, während man mit stärker gemusterten Kugeln erfolgreicher beim Legen ist.

Oberflächenhärte

Die Oberflächenhärte beeinflußt die Elastizität der Kugel, sagt also etwas darüber aus, wie stark sie nach einem Aufprall zurückspringt. Weiter hängt von ihr ab, wie stark die Kugel bei Berührung mit dem Boden oder anderen Kugeln abgerieben oder verformt wird. Weiche Kugeln werden schneller abgenutzt, haben aber den Vorteil, weniger stark von einer getroffenen zurückzuspringen und bleiben deshalb nach dem Schuß eher im Spiel. Besonders weiche Kugeln werden deshalb als spezielle Schußkugeln angeboten, gelegentlich unter Angabe des Härtegrades oder unter dem Namen anti-rebond (wörtlich: gegen den Rückprall). Sie werden sowohl aus Stahl als auch einer ohnehin weicheren Bronze-Aluminium-Legierung gefertigt.

Auf den Kugeln wird zwar das Gewicht eingraviert, nicht jedoch Durchmesser und Härtegrad. Für technisch Interessierte: Härtegrade variieren normalerweise zwischen 125 und 160 kp/mm^2, gemessen nach dem Brindell-Verfahren, gehen bei anti-rebond-Kugeln jedoch bis an die Untergrenze des Zulässigen, nämlich 110 kp/mm^2 zurück.

Fabrikation der Kugeln

Schematisch gesehen hat der Produktionsprozeß folgende Stufen:
Von einer runden Stahlstange werden Zylinder des vorgesehenen Gewichtes einer Halbkugelschale abgeschnitten und nach Erwärmung mit einer schweren Presse zu Schalen von 5 bis 8 mm Wandstärke geformt. Die Innenseite wird dann gesäubert, ihr Rand schräg geschliffen, so daß eine andere Schale gut angepaßt werden kann. Beide Schalen werden anschließend elektrisch zu einer Kugel verschweißt, die Schweißnaht gehärtet und äußere Unebenheiten glattgefräst. Nun erfolgen Kontrollen für Rundheit, Ausgewogenheit sowie des Durchmessers und des Gewichtes. Ebenso die eventuell nötigen Korrekturen dieser Eigenschaften. Schließlich wird die Kugel auf der ganzen Oberfläche gleichmäßig gehärtet.
Rohe Pétanque-Kugeln aus Stahl werden mit eigens von den Herstellern entwickelten Verfahren und Maschinen produziert, die so ge

heim sind, daß z. B. der größte Produzent Obut aus Angst, Informationen könnten zur Konkurrenz dringen, nicht einmal mehr Fabrikbesichtigungen durchführt. Dabei mag allerdings eine Rolle spielen, daß auch der Konkurrent J.B. in dem kleinen Ort St. Bonnet seinen Firmensitz hat.
Die Rohkugel erhält in der Endbearbeitung eventuell ein Muster, die vorgeschriebenen Angaben (Marke, Gewicht, Seriennummer) werden eingraviert, und Kugeln, die nicht aus rostfreiem Stahl (frz. inoxydable, daher die Bezeichnung Inox) bestehen, werden verchromt sowie anschließend poliert.
Neben den geschmiedeten Stahlkugeln gibt es gegossene Kugeln aus einer Legierung von Bronze (Kupfer und Zink) und Aluminium. Der Herstellungsvorgang: Die äußere Gußform enthält einen Kern aus gepreßtem Sand, der an zwei Stellen mit der äußeren Form verbunden ist. Die Kugel wird in einem Stück gegossen, dort, wo der Kern mit der äußeren Form verbunden war, bleiben zwei Löcher in

Beim Schneiden der Linienmuster

Einstanzen der Herstellerangaben

Nach dem Härten, Kugeln über dem Ölbad.

der Kugelschale, die ähnlich dünn ist wie die der Stahlkugeln. Durch die Öffnungen wird der Kern mit Druckluft entfernt. Nachdem die Öffnungen verschlossen worden sind, führen Kontrollen und weitere Bearbeitung (jedoch keine Härtung) zur gebrauchsfertigen Kugel.

Marken der Kugelhersteller und ihre Entwicklung

Im 19. Jahrhundert spielte man Boule mit Holzkugeln. Sie verloren ihre idealen Eigenschaften sehr schnell durch Abrieb und insbesondere durch Aufschlag auf den Boden oder andere Kugeln. Zu der Zeit, als Pétanque entwickelt wurde, hatte sich bereits die Technik des Nagelns durchgesetzt: In einen Holzkern wurden Hufnägel (mit flachem, quadratischem Kopf, frz. carré) oder Nägel mit gewölbtem, rundem Kopf (frz. bombé) so eingeschlagen, daß die Spitzen der Nägel auf die Kugelmittel wiesen und die Köpfe außen einen metallenen Schutzschild bildeten. Im Vergleich

zu den Holzkugeln erlangten die Kugeln damit zugleich ein höheres Gewicht bei geringer Größe.

Im Jahre 1923 wurden für Boule Lyonnaise die ersten Metallkugeln aus einer Bronze-Aluminium-Legierung gegossen. Vincent Mille und Paul Courtieu brachten sie unter dem Namen **Intégral** in den Markt.

1927 - 1928 entwickelten Jean Blanc und Louis Tarchier stählerne Boulekugeln, indem sie zwei aus kleinen Stahlzylindern geschmiedete Halbkugelschalen miteinander verschweißten. Das geschah in dem kleinen Ort St. Bonnet-le-Château in der Nähe von St. Etienne und war für die beiden Metallarbeiter nach eigenen Aussagen ein Ausweg aus der Beschäftigungskrise, die damals in der Metallindustrie herrschte. Sie vertrieben ihre Kugeln, die schnell von den Pétanque-Spielern akzeptiert wurden, unter den Abkürzungen ihrer Namen: **J.B.** und **Elte (L.T.).**

Weitere Produzenten folgten: **La boule idéale, Vanucci,** Rofritsch aus Marseille mit **Boule**

Alte genagelte Kugeln (bombé)

Lyonnaise-Kugeln

Bowls-Kugel

bleue und Coulobrier mit **Boule noire.** Schließlich 1958 **Obut,** der heute marktbeherrschenden Hersteller. Selbstverständlich nahm auch **Intégrale** die Produktion von Stahlkugeln auf, liefert aber weiterhin als einziger Hersteller gegossene Pétanque-Kugeln. Moderne Produktionsmethoden, die hohe Investitionen erfordern, haben dazu geführt, daß nur noch drei Unternehmen geschmiedete rohe Stahlkugeln herstellen, nämlich Obut und JB und Intégrale. Die anderen beziehen sie von ihnen und vermarkten sie nach der Endbearbeitung unter den eigenen Namen.

Für die Einhaltung der vorgeschriebenen Qualitätsmerkmale und Eigenschaften sorgt ein technisches Abkommen zwischen dem Pétanque-Verband und den Herstellern. Darin ist auch festgelegt, daß auf einer zugelassenen Kugel der Markenname, die Gewichtsangabe und die Seriennummer eingraviert sein muß. Auf Wunsch kann der Name des Besitzers noch hinzugefügt werden.

Abgenutzte und verfälschte Kugeln

Kugeln, die in ihren Eigenschaften deutlich von den Angaben abweichen, die der Hersteller eingraviert oder garantiert hat, dürfen bei Wettbewerben nicht verwendet werden. Darunter sind zunächst durch häufigen Gebrauch **abgenutzte Kugeln** zu verstehen. Bei jedem Aufprall und Aufschlag wird die Kugel ein wenig verformt und abgeschliffen. Man kann das an der Oberfläche sehen oder den Gewichtsverlust durch Wiegen überprüfen und wird erstaunt sein, wie groß er ist. Oft benutzte Kugeln sind nach ein bis drei Jahren für Wettbewerbe nicht mehr verwendbar.

Gelegentlich tauchen aber auch bewußt **verfälschte Kugeln** auf. Ihre Benutzung wird drakonisch bestraft mit bis zu 15 Jahren Lizenzentzug sowie Einzug der Kugeln.

Fälschungen beabsichtigen, durch Füllungen des Innenraums das Gewicht und das Rollverhalten zu verändern oder durch Erwärmungs- und Abkühlungsvorgänge die Oberflächenhärte über oder unter die vom Verband vorgeschriebenen Grenzwerte zu bringen. Kurios mutet an, mit welchen Füllungen bereits Fälschungen versucht wurden: Sand, Blei, Baumwolle und Quecksilber, Marmelade, schweres Öl, komprimiertes Gas.

Kommt der Verdacht einer Fälschung wegen des ungewöhnlichen Verhaltens einer Kugel auf, so hilft bei primitiven Veränderungen ein Blick auf die Oberfläche, denn das zum Füllen gebohrte Loch ist eventuell nicht sorgfältig oder mit anderem Material geschlossen worden. Führt das zu nichts, so kann man die verdächtige Kugel zusammen mit einer Vergleichskugel (gleiche Gewichtsangabe) auf hartem Untergrund aufschlagen lassen. Eine gefüllte Kugel müßte weniger hoch springen. Hält sich der Verdacht, dann können Meßgeräte für das Rollverhalten weiterhelfen (rail, toboggan), aber letzte Klarheit bringt erst eine Laboruntersuchung oder eine Öffnung der Kugel.

Als Fälschung wird auch die Entfernung der Herstellerangabe auf der Kugeloberfläche angesehen.

Mit dem Vorwurf der Fälschung sollte man vorsichtig umgehen. Die strengen Regeln und Sanktionen dürften die Verwendung gefälschter Kugeln bei Wettbewerben sehr unwahrscheinlich gemacht haben. Erweist sich der Vorwurf als falsch, so sollte, wer ihn erhoben hat, den Wert der geöffneten Kugel ersetzen, und ihm drohen eventuell Punktabzüge im Spiel.

Bei Privatspielen um Geld ist vielleicht manchmal sinnvoll, auch die Möglichkeit dieser Tricks nicht aus dem Auge zu verlieren.

Das Ziel

Das Ziel besteht aus Holz und hat einen Durchmesser von 25 bis 35 mm. Normalerweise ist es 30 mm groß und aus Buchsbaumholz gefertigt, das sich im Laufe der Zeit wenig verzieht. Es bleibt meist naturfarben, kann aber zur besseren Erkennbarkeit in jeder beliebigen Farbe angestrichen werden.

Das Ziel ist der Mittelpunkt des Spiels, um den sich das ganze Geschehen dreht. Es hat deshalb im Deutschen wie im Französischen eine Reihe volkstümlich liebevoller Namen: but = Ziel, cochonnet = wörtlich: Schweinchen, daher auch Wutz oder Sau, le petit = das Kleine (in Deutschland nicht gebraucht). Der südfranzösische Name le bouchon = wörtlich: Stopfen, z. B. einer Flasche, wird in deutscher Übersetzung ebenfalls nicht verwendet, ebenso nicht die Bezeichnung cornichon = Gürkchen.

Zubehör

Ein Tuch ist unerläßlich, um die Kugeln von Handfeuchtigkeit, Staub oder anhaftendem Schmutz zu säubern.

Zum Messen des Abstandes zwischen Kugel und Ziel werden Maßbänder oder Zollstöcke mit einem verschiebbaren Teilstück (frz. tirette) angeboten. In vielen Fällen kann man allerdings mit dem bloßen Auge oder einfachen Hilfsmitteln entscheiden. Häufig sieht man, wie Spieler den Abstand zwischen Kugel und Ziel abschreiten, indem sie Fuß vor Fuß setzen und die Reststrecke mit Hand- oder Fingerbreiten abschätzen. Liegen zwei Kugeln ziemlich nah am Ziel, so kann man sich helfen, indem man eine Verbindungslinie zwischen ihnen zieht (oder sich vorstellt) und entscheidet, ob die vom Ziel ausgehende Senkrechte auf diese Linie sie näher an der einen oder der anderen Kugel schneidet.

Zum Festhalten der Punktzahlen befinden sich Zusatzvorrichtungen an manchen Maßbändern, auf denen sich die jeweils erreichten Punktzahlen beider Mannschaften einstellen lassen.

Eine Tasche erweist sich als sehr sinnvoll, wenn sie aus haltbarem Material besteht und genügend groß ist, um nicht nur gerade die Kugeln aufzunehmen.

Für Spieler, denen das Bücken schwer fällt, gibt es Magneten an einer kleinen Schnur, mit denen die Kugeln wieder vom Boden hochgehoben werden können.

Kleidung

Sie sollte bequem sein, Hosen z. B. so weit, daß es keine Qual bedeutet, in die Hocke zu gehen, Oberteile so groß, daß auch weites Ausholen nicht behindert wird. Offene Jacken stören vor allem beim Schießen die Pendelbewegung des Armes. Am wichtigsten ist jedoch wohl die Wahl bequemer Schuhe, in denen man fest und sicher steht. Man ist beim Spiel, das leicht eine Stunde dauern kann, ständig auf den Füßen. Beliebt sind feste Schuhe mit genügend dicker Sohle oder bei schönem Wetter Espadrilles.

Die wichtigsten französischen Boule-Ausdrücke

le barrage	= Entscheidungsspiele zur Qualifikation zur Hauptrunde im Wettbewerb		la supermêlée	= Wettbewerbsform (für jedes Spiel wird ein neuer Partner zugelost)
le bec	= Benutzen einer Kugel, die bereits im Spiel liegt, als Bande (s.S.)		le tête-à-tête	= Spiel zwischen zwei Einzelspielern
le biberon	= Mitnehmen des Ziel mit einer Kugel im Spiel		tirer	= Schießen
le bouchon	= Ziel (südfranzösisch)		le tir devant	= Schuß vor die Kugel
la boule	= Kugel		le tir au fer	= direkter Schuß
le boulodrome	= künstlich angelegter Spielplatz		le tireur	= Schießer
le but	= Ziel (nordfranzösisch)		la tirette	= Meßgerät (metallener Zollstock mit einem verschiebbaren Teilstück)
le cadrage	= Entscheidungsspiel zur Qualifikation zur Hauptrunde im Wettbewerb		la triplette	= Dreiermannschaft

le barrage = Entscheidungsspiele zur Qualifikation zur Hauptrunde im Wettbewerb

le bec = Benutzen einer Kugel, die bereits im Spiel liegt, als Bande (s.S.   )

le biberon = Mitnehmen des Ziel mit einer Kugel im Spiel

le bouchon = Ziel (südfranzösisch)

la boule = Kugel

le boulodrome = künstlich angelegter Spielplatz

le but = Ziel (nordfranzösisch)

le cadrage = Entscheidungsspiel zur Qualifikation zur Hauptrunde im Wettbewerb

le carreau = Volltreffer

la casquette = Treffen einer Kugel von oben, „auf die Mütze"

le cochonnet = Ziel (Schweinchen)

le concours = Wettbewerb

le cornichon = Ziel (Gürkchen)

la demi-portée = Halbbogen

la donnée = Aufschlagpunkt

la doublette = Zweiermannschaft

la mêlée = Wettbewerbsform (am Anfang zugeloste Partner)

la mène = Aufnahme

le milieu = Mittelspieler in Dreiermannschaft

le palet (roulant) = Schußkugel, die nicht weit wegrollt („rollender Spielstein")

le petit = Ziel (Kleines)

pointer = Legen

le pointeur = Leger

la portée = hoher Bogen

la raclette = Flachschuß (Kratzer)

la rafle = Flachschuß

le retro = Schußkugel, die nach Aufprall zurückrollt

le rond = Abwurfkreis

la roulette = gerollte Kugel beim Legen (Rollen)

la supermêlée = Wettbewerbsform (für jedes Spiel wird ein neuer Partner zugelost)

le tête-à-tête = Spiel zwischen zwei Einzelspielern

tirer = Schießen

le tir devant = Schuß vor die Kugel

le tir au fer = direkter Schuß

le tireur = Schießer

la tirette = Meßgerät (metallener Zollstock mit einem verschiebbaren Teilstück)

la triplette = Dreiermannschaft

FRANKFURT
14.-15. Juni 1986

DEUTSCHE
Pétanque
MEISTERSCHAFT
Triplette

Schirmherr:
Oberbürgermeister Dr. Wallmann

Ort:
Auf dem Festplatz am Ratsweg
(Eissporthalle)

Finale:
Sonntag ca.
17.00 Uhr

Ausrichter:
1. Frankfurter Pétanque Club von 1980

Wettkämpfe in Deutschland

Es gibt bis auf die Deutschen Pétanque-Meisterschaften, die Weltmeisterschafts-Qualifikationen und die Qualifikation zum Nordsee-Cup, deren Modi vom Deutschen-Pétanque-Verband (DPV) festgelegt sind, keinerlei Vorschriften bei der Austragung von Turnieren, und der eigenen Variation sind keine Grenzen gesetzt.

Der folgende Teil beschreibt lediglich die bislang in Deutschland gespielten Turnierarten und deren Austragungsmodus und will Anregungen zur Turnierorganisation geben.

Noch sinnvoller, als nur diesen Text zu lesen, ist es natürlich, selbst Turniere zu besuchen und dort eigene Erfahrungen zu sammeln.

Turnierarten

Auf Turnieren ist die **Doublette** (nur Zweiermannschaften) wohl die häufigste und daher vermutlich auch die beliebteste Turnierform, vielleicht weil die „Partnerwahl" den Teilnehmern hier einfacher erscheint als bei der Triplette, bei der man bekanntlich noch zwei weitere Partner finden muß. Andererseits kann die Triplette vor allem bei eingespielten Teams gerade wegen der größeren Abstimmung untereinander und der verschiedenen Fähigkeiten von drei Spielern sehr spannend sein. Nicht nur, daß sie die klassische Spielform ist, die Beschränkung auf nur zwei Kugeln pro Spieler zwingt auch noch stärker zu einer konzentrierten Spielweise, und die „Gruppendynamik" in der Mannschaft ist natürlich auch „farbiger".

Neben Triplette und Doublette wird auch noch − sehr selten − das **Tête-à-Tête** gespielt, das Einzel mit drei Kugeln, z. B. bei den Deutschen Meisterschaften. Etwas interessanter wird es nach unserer Meinung mit vier Kugeln.

Dann gibt es noch das **Mêlée à la doublette** bzw. **à la triplette,** bei dem man die Partner zugelost bekommt, und zwar für das ganze Turnier.

Etwas beliebter scheint allerdings das **Supermêlée** (oder auch mêlée integrale) à la doublette oder auch à la triplette zu sein, bei dem nach jedem Spiel neue Partnerkombinationen ausgelost werden.

Die Boule Meister

**Seit vom Deutschen Pétanque Verband
Meisterschaften veranstaltet werden**

Tête-à-tête:

1981 in Rastatt: Klaus Puhl (Saarwellingen)
1982 in Raunheim: Gunther Schmidt (Körprich)
1983 in Rastatt: Boris Tsuroupa (Berlin)
1984 in Saarbrücken: Maria Fox (Saarwellingen)
1985 in Bad Godesberg: Peter Merz (Groß-Gerau)
1986 in Groß-Gerau: Volker Jakobs (Saarbrücken)
1987 in Essen: Hilmar Lissner (Konstanz)
1988 in Biblis: Josef Vitello (Saarbrücken)
1989 in St. Wendel: Hubert Arians (Krefeld)

Doublettes:

1981 in Rastatt: Michael Hornickel, Boris Tsuroupa (Berlin)
1982 in Raunheim: Ebbi Toepfer, Olaf Fingerhut (Bad Godesberg)
1983 in Rastatt: Jörg Walter, Norman Maurer (Raunheim)
1984 in Singen: Rosario Italia, Herbert Dittgen (ALI Saarwellingen)
1985 in Reutlingen: Oliver Weber, Joachim Barth (Singen)
1986 in Durmersheim: Klaus Mohr, Daniel Perret (Hamburg)
1987 in Rastatt: Joachim Barth, Oliver Weber (Singen)
1988 in Edingen Neckarhausen: Volker Jakobs, Josef Vitello (Saarbrücken)
1989 in Groß-Gerau: Michael Budimir, Tino Capin (Darmstadt)

Triplettes:

1977 in Bad Godesberg: Remo Rinaldi, Martin Ulrich, Albert Weingartz (Bad Godesberg)
1978 in Hochheim: Ebbi Toepfer, Herbert Berg, Olaf Fingerhut (Bad Godesberg)
1979 in Raunheim: Le Teil (außer Konkurrenz)
1980 in Singen: Volker Jakobs, Walter Stephan, Markus Paul (Saarbrücken)
1981 in Saarlouis: Michael Hornickel, Boris Tsuroupa, Harry Tsuroupa (Berlin)
1982 in Düren: Ebbi Toepfer, Herbert Berg, Olaf Fingerhut (Bad Godesberg)
1983 in Berlin: Axel Richter, Boris Tsuroupa, Gerd Lennemann (Berlin)
1984 in Groß-Gerau: Michael Latreille, Henry Barthillat, Christoph Manaranche (Konstanz)
1985 in Freiburg: Frieder Schmidt, Ulli Koch, Eckart Teschner (Frankfurt)
1986 in Frankfurt: Herbert Dittgen, Rosario Italia, Christof Maurer (Nalbach Saarland)
1987 in Berlin: Thomas Hoerschgens, Nico Beucker, Hubert Arians (Düsseldorf)
1988 in Saarbrücken: Michel Latreille, Christian Tanneur, Werner Junge (Konstanz, Rastatt)
1989 in Durmersheim: Serge Labatut, Bernard Reynie, Albin Raux (Konstanz, Nürnberg)

Dann sind da noch **mixed Turniere** − Frauen und Männer in einer Mannschaft − Turniere, die sinnigerweise manchmal auch als „fun"-Turniere angekündigt werden.

Ein **Nocturne** ist keine besondere Turnierform, wird selten und eben nachts gespielt.

Eine Rarität ist auch ein **24-Stunden-Turnier**, für ganz Konditionsfreudige, das Besondere daran ist, daß zusätzlich ein Auswechselspieler eingesetzt werden kann.

Einen ganz speziellen Austragungsmodus haben die Weltmeisterschafts-Qualifikations-Turniere, die wie die WM nur für Tripletten gespielt werden, zunächst auf Landesebene, dann eine Bundesqualifikation, bei der sich zwei Mannschaften für die WM qualifizieren.

Turnierorganisation

Kleinere Turniere zu veranstalten, ist im Grunde einfach. Es genügt eigentlich Auslosungsmaterial und ein Blatt Papier, um Ergebnisse festzuhalten.

Welchen Austragungsmodus man wählt, richtet sich wesentlich nach der Zahl der startenden Mannschaften und nach der zur Verfügung stehenden Zeit. Die Zahl der Spiele, die nacheinander stattfinden müssen, sollte man vorher kalkulieren und pro Spiel ca. eineinhalb Stunden rechnen. „Normalerweise" sollte man an einem Tag nicht mehr als 7 bis 8 Spiele machen.

Turniereinladung

Will man Spieler anderer Clubs einladen − und das nicht nur mündlich − empfiehlt sich eine Turniereinladung, die in der Gestaltung natürlich völlig offen, folgende Punkte enthalten sollte (in Klammer die weniger wichtigen Informationen):

1. Wer lädt ein - eventuell Kontaktadresse, Telefon
2. (Turniername)
3. Turrnierart (und Austragungsmodus)
4. Datum, Uhrzeit des Turnierbeginns
5. Wann ist Anmeldeschluß − Uhrzeit
6. Wo findet das Turnier statt − eventuell Wegeskizze
7. Startgeld − ob überhaupt und wie hoch
8. (Trostrunde − eine Art Nebenturnier für früh Ausgeschiedene − Preise, Bewirtungsarrangements, u.a.)

Die meisten Clubs in Deutschland machen so

Kugel zwischen den Köpfen, nur auf dem Foto gefährlich.

und mit mehr oder weniger origineller Gestaltung ihrer Turniereinladung auf ihre Aktivitäten aufmerksam.

Die Einladungen sollten zwei bis drei Wochen vor dem Turnier verschickt sein.

Turniereinschreibung — Anmeldung

Wenn dann am Morgen des Turniertermins die Spieler einströmen, beginnt die Einschreibung. Auf einer Liste (s. z. B. S. 119) werden Namen und Verein der startenden Mannschaft notiert, die damit ihre Startnummer erhalten. Bei größeren Turnieren werden oft die Startnummern noch auf Klebeetiketten o. ä. ausgegeben. Außerdem wird das Startgeld kassiert, das in der Höhe so kalkuliert ist, daß es die tatsächlichen Turnierkosten deckt (Obergrenzen sind in der DPV-Sportordnung festgelegt).

Austragungsmodus

Der in Deutschland bei Turnieren üblichste Austragungsmodus — ob Triplette, Doublette, Tête-à-Tête oder Mêlée — ist, die Vorrunde in Vierergruppen zu spielen, die Hauptrunde im K.O.-System.

Dies empfiehlt sich ab einer Teilnehmerzahl von 16 startenden Mannschaften. Dabei spielt entsprechend der Auslosung die erstgezogene gegen die zweite, die dritte gegen die vierte Mannschaft das erste Spiel.

Im zweiten Spiel treten jeweils die Gewinner und die Verlierer gegeneinander an.

Nach dem zweiten Spiel dieser Vorrunde, in der sich zwei Mannschaften qualifizieren, gibt es mit zwei Siegen bereits eine qualifizierte und mit zwei verlorenen Spielen eine ausgeschiedene Mannschaft.

Die beiden Mannschaften mit je 1 : 1 Spielen treten zum dritten Spiel an.

Bei Turnieren mit weniger als 16 Mannschaften kann man auch zwei Gruppen bilden, die je nach Gruppenstärke drei bis fünf Spiele machen. Die jeweils zwei Punktbesten spielen dann das Halbfinale, usw.

Bei der Wertung zählen immer:
− 1. gewonnene Spiele,
− 2. Punkte, z. B. 13 : 7, 10 : 13, 13 : 2 das sind 36 : 22 oder 14 Pluspunkte.

Beim Supermélée (die Mannschaften werden nach jedem Spiel neu zusammengelost) werden häufig fünf bis sechs Spiele gemacht. Da wegen der unterschiedlichen Zusammensetzung jeder für sein eigenes Punktekonto spielt, gibt es am Schluß hier natürlich kein Endspiel sondern eine Rangfolge. Man kann aber auch hier nach dem 5. Spiel z. B. beim Doublette die vier Punktbesten für ein Endspiel einplanen.

Eine andere Modusvariante ist auch, in der Vorrunde keine Gruppen zu bilden, sondern die Spielpaarungen „aus dem Topf" zu ziehen. Man legt vorher fest, wieviele Spiele man in der Vorrunde machen will (3 bis 4), dann die vier Besten ins Halbfinale.

Auslosung

Die Auslosung erfolgt mit Nummernchips o. ä., die entsprechend den Startnummern vorhanden sein sollten. Üblicherweise vermeidet man, daß bereits in der Vorrunde vereinsgleiche Mannschaften gegeneinander spielen. Das verhindert man weitgehend, wenn man z. B. gleich bei der Einschreibung die Mannschaften nach Vereinen getrennt auf vier „Töpfe" möglichst gleichmäßig verteilt.

Bei der Auslosung zur Vorrunde, z. B. in Vierer-Gruppen, braucht man dann lediglich aus den vier Töpfen je eine Mannschafts-Startnummer zu ziehen.

Läßt sich die Gesamtzahl der startenden Mannschaften nicht durch vier teilen, muß man entsprechend viele Dreier-Gruppen bilden und auslosen. Die Startnummern der Gruppierungen werden in den Spielplan der Vorrunde (s. S. 120) eingetragen.

Je nach Anzahl der startenden Mannschaften (Vierer-Gruppen) ergibt sich oft nach der Vorrunde das Problem, daß sich 10, 12 oder 14 Mannschaften qualifizieren. Man kann also um auf 16 (in jedem Fall eine Zweier-Potenz) zu kommen, z. B. die punktbesten Drittplazierten aus den Gruppen in die Hauptrunde mitnehmen. Qualifizieren sich nach der Vorrunde mehr als 16 Mannschaften, z. B. 20, so werden, um die Hauptrunde auf 16 zu reduzieren, 8 Mannschaften ausgelost, die noch ein „Stechen" (die cadrage) spielen müssen, bevor

die Hauptrunde weitergeht. Die restlichen 12 Mannschaften erhalten ein Freilos (frz. blanc). In der anschließenden Hauptrunde, deren Paarungen jeweils ausgelost werden, wird meistens nur noch k.o. gespielt.

Trostrunde

Für alle in der Vorrunde ausgeschiedenen Mannschaften wird meistens noch eine Trostrunde (frz. consolante oder complémentaire) angeboten. Man muß sich neu anmelden und ein kleineres Startgeld entrichten.

Außerdem können hier noch später kommende Spieler „einsteigen". Es ist praktisch ein separates, zweites Turnier, das allerdings aus zeitlichen Gründen meistens von Anfang an k.o. gespielt wird.

Die Trostrunde beginnt parallel zur Hauptrunde, und man kann die Verlierer des ersten Spiels der Hauptrunde noch in das zweite Spiel der Trostrunde einsteigen lassen.

Preise

Im Gegensatz zu Frankreich, wo Preisgelder normal und üblich sind, wird bei deutschen Turnieren grundsätzlich nicht um Geld gespielt. Und die meisten Spieler würden wohl auch (zu Recht) bestreiten, daß sie wegen irgendwelcher Preise oder Pokale Turniere spielen.

Trotzdem sind beide durchaus willkommen als Erinnerungsstücke, bzw. unumgänglich, will man am Schluß eines schönen Turniers eine Siegerehrung durchführen.

Man kann sagen, daß heute südlich des Mains Pokale bevorzugte Preise sind, nördlich dieser Linie sind es eher phantasievolle Sachpreise, und manche Clubs machen beides − und beim Gurkenturnier in Düren gibt es auch noch Gurken (unter Anspielung auf die gelegentliche Bezeichnung cornichon − wörtlich Gürkchen − für das Ziel).

Weltmeisterschafts-Qualifikation
Konstanz — 15. / 16. 6. 1985

Bericht eines Unqualifizierten
(der sich in der Frankfurter Clubbroschüre an dieses Turnier erinnerte)

Da gibt es nichts zu deuteln: die Triplette Weltmeisterschaften in Casablanca werden ohne Frankfurter Beteiligung über die Bühne gehen, und unsereiner wird sich Casablanca weiterhin im Kino ansehen müssen.

Das liegt an Konstanz. Dort wurden die spärlichen Frankfurter Hoffnungen begraben; wobei das Begräbnis allerdings fröhlich und feucht verlief. Dabei zeichnete sich z. B. das Team von „Hessen 4" (Hermann, Cherif, Pit) durchaus durch blitzsaubere Gesinnung, blindes Verständnis, positive Einstellung und Spielwitz weit über die Spiele hin aus. Aber dann die üblichen Fehler: Pastis in der Mittagshitze, frevelhafte Lockerheit und weitgehend unbegründetes Selbstvertrauen. Da braucht dann nur noch eine Mannschaft zu kommen, die besser Boule spielen kann, und schon ist es passiert.

Und es passierte allzu oft!

Lediglich am Rande und außerhalb der Konkurrenz vermochte „Hessen 4" das hochtalentierte, leistungsstarke und ebenfalls rein Frankfurterische Team „Hessen 1" (Eckart, Frieder, Ulli) so eindrucksvoll niederzumachen, um nicht zu sagen in Grund und Boden zu spielen, daß auch dieser Frankfurter Hoffnungsträger wegen schleichender Depressionen im Verlauf des weiteren Turniers keinen Fuß mehr auf den Boden bekam. Man weiß ja, wie das läuft: der an sich ausgezeichnete Beileger scheut plötzlich die Nähe zum Schwein, der Tireur hat viel zu wenig Kugeln und die Nummer 2 scheitert menschlich am Konflikt zwischen Legen und Schießen. So geht's dann den Bach runter. Aber es gibt natürlich auch eine Reihe nahezu objektiver Gründe dafür, warum die Frankfurter beim Sprung nach Casablanca schon in Konstanz auf dem Boden blieben. Vor allem: das Gelände!!

Der Frankfurter Boulist ist nun mal traditionell naturverbunden und zieht das Cross-Pétanque à la Zeppelin-Allee dem Bowling-Boule auf markierten Vereinsbahnen vor.

Auf dem Vereinsgelände in Konstanz, fern der gewohnten freien Wildbahn, mußte er sich also fremd fühlen in all der ordentlichen Enge. Und um den Strauß der faulen Ausreden komplett zu machen, sei schließlich das Vereinsheim des Konstanzer Blouleclubs erwähnt. Wir Frankfurter Naturbouleburschen — so sieht's doch mal aus! — die wir uns bei Regen unter dem schmalen Dache eines öffentlichen Pissoirs zusammendrängen, die wir gerne unsere gesellige Vereinsnachmittage im Pennerstil stolz stehend am Kiosk verbringen, wir sind den Versuchungen eines deutschen Vereinsheims mit seiner lockenden Gastronomie ganz einfach nicht gewachsen. Noch nicht. Beim nächsten Mal werden wir wachsamer sein. Und wer weiß, vielleicht fährt dereinst doch eine durch Erfahrung gewitzte Frankfurter Mannschaft zur Weltmeisterschaft. Ich tippe übrigens auf „Hessen 4". *Pit Knorr*

(Es fuhr tatsächlich 1987 eine Frankfurter Triplette zur WM nach Algerien, weder Hessen 1 noch Hessen 4!)

Straßenschild (oben) und Bouleplatz (unten) in La Ciotat

Das Spiel in Frankreich

Die Fédération de Pétanque war 1943 von Ernest Pitiot gegründet worden, erhielt aber nicht sofort die volle Autonomie, weil das Commissariat aux Sports der Vichy-Regierung alle Boule-Organisationen der Fédération Française de Boules unterstellte. Zu dieser staatlich vorgeschriebenen Organisation gehörten damals Boule Lyonnaise aber auch Jeu Provençal (12 000 Lizenzen), Jeu de „pieds tanqués" (3 000), Jeu de berges (1 800), Boule de bois und Boule de fort (20 000). Lizenzen waren wegen des damit einhergehenden Versicherungsschutzes für die Spieler ein Grund, sich einem Verband anzuschließen.

1945 wurde die Sportverordnung (charte des sports) aufgehoben und die Fédération de Pétanque et du Jeu Provençal wurde gegründet. Pitiot war ihr erster Präsident. Sie hatte am Ende des Jahres 1945 für beide Spiele 10 000 Lizenzen vergeben. 1954 wurde der Verband Mitglied des Comité National des Sports (heute Comité National Olympique et Sportif), seit 1978 sind beide Spiele von der Regierung (Ministerium für Jugend, Sport und Freizeit) offiziell anerkannt und erhalten Förderung und Unterstützung.

Die Wandlung des Spieles Pétanque von einem regional südfranzösischen zu einem nationalen Spiel ist eine indirekte Folge von de Gaulles Lösung des Algerienproblems (1962) und der folgenden Umsiedlung der Algerienfranzosen nach Frankreich. Dies läßt sich gut an der Entwicklung der Kugelherstellung zeigen. Vor dem 2. Weltkrieg wurden nur kleine Stückzahlen erreicht, J. B. war z. B. bis 1939 nur mit drei Arbeitern tätig. In den späten 50er Jahren und bis 1960 war Algerien ein blühender Markt, der 1962 völlig zusammenbrach. Dafür begann sich das Geschäft in Frankreich schnell zu entwickeln. Die 1958 gegründete Marke Obut verkaufte nach eigenen Angaben 1985 2,8 Millionen Kugeln und hatte dabei einen Marktanteil von 70 %. Für 1984 berichtete Obut von 12 000 Kugeln pro Arbeitstag, J. B. von ca. 6 000.

Die Entwicklung in den letzten 20 Jahren läßt sich am besten an der Zahl der ausgegebenen Lizenzen nachvollziehen: 1969: 163 000, 1975: 330 000, 1976: 352 000, 30.11.1984: 492 553 (davon 39 534 Frauen und mehr als 75 000 Personen unter 18 Jahren).

Seit 1975 werden Pétanque-Schulen für junge Spieler eingerichtet. Gegenwärtig hat sich der Verband u. a. zum Ziel gesetzt, den Bau von überdachten Boulodromes besonders im Norden voranzutreiben.

Der nationale Verband mit Sitz in Marseille gliedert sich in 21 regionale Ligen (Stand 1984), ihnen zugeordnete Departements-Komitees und diesen angehörende mehr als 6 000 Clubs. Unter der Präsidentschaft von Andre **Paul** (1969 - 1976) wurde der Verband effizienter organisiert, seine Rechnungslegung geordnet und der Grundsatz durchgesetzt, daß die Mitgliederbeiträge auch voll den Spielern zugute kommen müßten. Für Wettbewerbe wurden strengere Disziplin-Regeln erlassen (s. die letzten Paragraphen der gültigen Regeln), die nicht ohne Widerstand akzeptiert wurden. Der heutige Präsident **Bernard** (seit 1977), der damals die Neuerungen als Generalsekretär zu verwirklichen half, scheint sich insbesondere die internationale Ausbreitung des Spieles zur Aufgabe gemacht zu haben. Er ist zugleich Präsident des Internationalen Verbandes (Sitz ebenfalls Marseille).

Clubs, Departements-Komitees, Ligen und Nationaler Verband tragen Wettbewerbe und Meisterschaften aus, die in nationale Meisterschaften für Männer, Frauen und Senioren münden. (Details über diese Veranstaltungen pflegt die Zeitschrift Pétanque-Magazine, Hauszeitschrift der Fa. Obut, minutiös mitzuteilen.) Lizenzen für diese Veranstaltungen werden von den Komitees und Ligen ausgestellt. Sie beinhalten einen Versicherungsschutz, sowohl für die offiziellen Veranstaltungen als auch für Training und Freizeitspiel.

Neben der Nationalen Meisterschaft ist der **Ricard-La Marseillaise** wegen Tradition und Größe der berühmteste Wettbewerb (ausgerichtet von der Fa. Ricard und der Zeitung La Marseillaise). Er wird seit 1964 im Park Borély in Marseille während des Sommers ausgetragen. 1985 nahmen 2 211 Dreiermannschaften, also 6 633 Spieler teil. Und natürlich berichteten die Medien darüber. 1985 war das erste französische Fernsehen (TF 1) mit Direktübertragungen dabei. 10 000 Zuschauer sahen das Endspiel.

Die Angaben über Verbandsorganisation, Zahl der Lizenzen und große Veranstaltungen können nur als Indiz für die Verbreitung des Spiels genommen werden und sollen keinesfalls den Blick dafür verstellen, daß nach den (vielleicht euphorischen) Schätzungen fünf bis acht Millionen Franzosen in der Freizeit die Kugeln zur Hand nehmen. Vielleicht geschieht dies im Süden häufiger, und vielleicht hat dort das Spiel eine festere Verwurzelung im Alltagsleben der Bevölkerung. Dennoch ist es auch dort, wie anscheinend früher fast regelmäßig, nicht mehr ohne weiteres unter den Platanen der größeren Plätze von Dörfern und Städtchen zu finden, sondern hat sich abgelegenere Stellen, meist in der Nähe eines Cafés oder einer Bar gesucht. Verantwortlich gemacht, und in Pétanque-Büchern zunehmend beklagt, wird dafür die Zunahme an Autos und die Einrichtung von Parkplätzen. Die Verdrängung ist aber nicht ohne Tradition, wie das Verbot des Boule-Spiels auf einigen vielbenutzten Straßen in Lyon (La Guillotière) im Jahre 1824 beweist. Man zog sich damals auf die eingefriedeten Plätze in der Nähe von Gaststätten (clos) zurück.

Dem Eindruck folgend (soziologisch relevante Daten sind nicht bekannt oder nicht veröffentlicht) erscheint es eher als eine Freizeitbeschäftigung, die in unteren und mittleren Schichten verbreitet ist. Akademikern steht es offenbar weniger nahe. In Bibliotheken, auch an Universitäten im Süden, verirrt sich nur gelegentlich ein Buch über Boule-Spiele oder über Pétanque. Diesem Eindruck folgend, könnte man dem Spiel vielleicht eine Rolle zuschreiben, wie sie in Deutschland das Skatspiel hat.

Es ist ein geselliges Spiel, das zu freundschaftlichem Kräftemessen anregt. Der Gewinner wird belohnt. Diese Belohnung besteht nicht immer nur in der Selbstbestätigung und im Applaus der Zuschauer. Häufig geht es um einen Drink, nicht selten auch um Geld.

Ein Spiel um solche Anreize hat seine Tradition, wie Berichte über ältere Boule-Spiele belegen. Und zeitweise scheint diese Tendenz in früheren Zeiten Ausmaße erreicht zu haben, die öffentliche Verbote hervorriefen. Im Freizeitbereich wird heute um kleine Beträge gespielt. Aber es gibt auch Plätze, die für die hohen Einsätze bekannt sind, die dort die Atmosphäre bestimmen, so z. B. in Cavaillon in der Provence der Platz an der Bar du Cagnard. Jeden Montag nach dem Markt, so erzählt man sich, legen dort die Händler Spiele auf, bei denen es um Tausende von Francs geht. Und manchmal soll auch eine Größe aus dem Unterhaltungsbereich dabei sein. (Das hat eine gewisse Tradition. Schon die Zeitung „Handelsblatt" vom 21.9.1978 berichtet darüber und verweist auf eine Reportage des französischen Wirtschaftsmagazins „Expansion".) Bei diesen riskanten Spielen werden auch schon mal die Regeln sehr speziell unter den Gegnern ausgehandelt (z. B. unter sechs Meter Distanz, anstelle des Zielkügelchens eine festliegende Schraubenmutter).

Aus dem harmlosen und wenn riskanten, so doch fairen Vergnügen des Spielens um Geld scheinen sich gelegentlich Unsitten zu entwikkeln, die deutlich die Farbe von Betrug annehmen. Von ihnen wird in der Pétanque-Literatur immer wieder warnend berichtet.

Boule und Pétanque haben natürlich auch bei den Wettbewerben mit Geldpreisen zu tun, die neben den Siegestrophäen dem Sieger und den Plazierten winken. Schon das Turnier von 1894, bei dem die ersten Regeln des Boule Lyonnaise vereinbart wurden, setzte Geldpreise aus, wenn auch in bescheidenem Ausmaß. Inzwischen ist die Rede davon, daß einige Pétanque-Champions in der Lage sind, von den gewonnenen Preisgeldern bequem zu leben. Einem soll das die Finanzbehörde sogar nachträglich bewiesen haben. Eine solche finanzielle Professionalisierung besteht sicherlich auch in dem Sinne, daß zusätzliche Einnahmen über Werbeverträge mit Kugelherstellern und anderen interessierten Firmen sowie durch einschlägige Publikationen erzielt werden können, wenn einmal der Name des herausragenden Spielers bekannt geworden ist.

Beim größten Turnier, der Marseillaise

Von ganz anderer Art ist da das Schicksal des Verlierers, zumal wenn ihm das Unglück zustößt, ohne einen eigenen Punkt zu unterliegen. Für diese Situation der 13 : 0 Niederlage hat sich in Frankreich der Begriff **Fanny** eingebürgert. Das Wort selbst kommt aus dem Englischen und ist dort außer als Mädchenname auch als eine (alte) Vulgär-Bezeichnung für das weibliche Geschlechtsteil und den Po gebräuchlich. Schon Cleland benutzte es in dieser Zweideutigkeit 1749 in seinem anrüchigen Roman „Memoirs of Fanny Hill". Von französischen Boulespielern ist dieses Wort als Ersatz für „baiser le cul de la vieille" (den Hintern der Alten küssen) übernommen worden, daß schon im 17. Jahrhundert als Strafe für den sang- und klanglosen Verlierer bei einigen Spielen bekannt war. Der Gewinner, so führen Merou et Fouskoudis (s. Lit.verz.) aus, nahm dann die Alte im Triumphzug auf die Schultern, was auf noch ältere religiös gefärbte (vorchristliche) Traditionen schließen läßt.

Vielleicht läßt sich die Verwendung dieses Namens für die alte Tat aber auch durch die traurige Geschichte einer jungen Frau Dubriand erklären, die den in Südfrankreich häufiger zu findenden Vornamen Fanny trug. Sie tauchte etwa 1868 in Lyon-La Croix Rousse auf dem viel benutzten und berühmten Boule-Platz Clos Jouve auf. Die 25- bis 30jährige Frau, geistig nicht ganz auf der Höhe und ohne große Neigung zur Arbeit, ließ sich gern dazu überreden, ihre Röcke zu heben. Erfolglose Boule-Spieler mußten, diese konkrete Gelegenheit zum Lächerlich-Machen nutzend, die Fanny sehen (voir la Fanny). D. h. sie hatten den Preis zu entrichten und sich hinter Fanny zu stellen. Und Fanny hob dann blitzschnell ihre Röcke, ohne daß die Umstehenden mehr als die Bewegung wahrnehmen konnten. Die weitere Geschichte ist noch trauriger: Fanny, die ein Kind bekam, das aus Geldmangel vom Staat aufgezogen werden mußte, kam in ein Heim, in dem sie kurze Zeit später starb.

Ihr Name (oder der englische) ziert weiter phantasievolle Darstellungen von entblößten weiblichen Hinterteilen, die Boule- oder Pétanque-Spieler, die zu Null verlieren, in ihren Clubs zu küssen oder anzusehen haben.

ولاية بومرداس

البطولة العالمية 23 للكرة الحديدية

23^eChampionnat du Monde de Pétanque

دعوة

INVITATION

BOUMERDÈS 87

du 14 au 18 Septembre 1987

(Algérie)

Internationale Aktivitäten

Seit 1959 organisiert der Internationale Verband **Weltmeisterschaften** (triplette), die nach einer Unterbrechung seit 1977 jährlich stattfinden (s. die weiter unten folgende Liste der Gewinner).

Der Verband bestand 1979 aus 17 Ländern und hatte 1984 27 Mitglieder. Das frankophone Element aus Westeuropa und den Frankreich verbundenen Ländern Afrikas hat ein deutliches Übergewicht, doch sind auch fast alle anderen Länder Westeuropas vertreten und dazu z. B. die USA, Canada, Neuguinea und Thailand.

Der Internationale Verband betreibt aktiv die geographische Ausbreitung. Andererseits ist zu sagen, daß die Gründung eines neuen nationalen Verbandes häufig von einer Gruppe Auslandsfranzosen ausgegangen ist. Ziel der Aktivitäten soll die Zulassung zu den Olympischen Spielen sein.

Das siebenköpfige Direktorium des Verbandes besteht neben dem französischen Präsidenten aus Delegierten aus Belgien, Luxemburg, Marokko, Monaco, der Schweiz, Tunesien. Es gab 1984 sieben internationale Schiedsrichter: vier Franzosen, und je einen Kanadier, Schweizer, Tunesier, die nach mindestens sechs Jahren nationaler Schiedsrichter-Erfahrung für diese Funktion zugelassen werden.

Seit einigen Jahren findet − von Belgien initiiert − eine Art „kleine Europameisterschaft" statt, der **Nordseecup,** an dem 1987 Die Nordsee-Anrainer Belgien, Niederlande, Groß-Britannien, Schweden und die BR-Deutschland teilnahmen. Aus jedem Land starten 5 Mannschaften, und neben einer Länderwertung − das beste Nordseeteam − gibt es auch eine Mannschaftswertung, wo 1987 in Shedfield (Süd-England) immerhin Deutschland I, die Frankfurter Weltmeisterschaftsmannschaft, bis ins Finale kam. In der Landeswertung gewannen die Niederlande vor Belgien, Groß-Britannien, BR-Deutschland und Schweden. In der Bundesrepublik qualifizieren sich für dieses interessante Turnier die beiden Triplettes, die zur Weltmeisterschaft fahren, der 1. und 2. der DM-Triplettes und der 1. der DM-Doublettes plus ein Spieler.
1988 soll der Nordseecup in Belgien, 1989 in der Bundesrepublik stattfinden.

1987 fand auch in Hasselt (Belgien) die erste Jugendweltmeisterschaft statt (für Spieler bis 17 Jahre), die Frankreich vor Algerien gewann. Die deutsche „Jugendtriplette", Nico Beucker, Sascha Herold und Alex Bergmann belegte dabei einen hervorragenden 7. Platz.
Dieses Turnier soll ebenso wie die Frauen-Weltmeisterschaft alle zwei Jahre ausgerichtet werden.

Die deutschen Teilnehmer der WM-1987 in Algerien
Beim Nordseecup in Shedfield, Südengland

Pétanque-Weltmeister

Seit von der FIPJP (Fédération Interantionale de Pétanque et Jeu Provençal) Weltmeisterschaften veranstaltet werden.

1959 SPA (Belgien)	de Souza – Marcou – Maraval	Frankreich
1961 CANNES (Frankreich)	de Souza – Marcou – Maraval	Frankreich
1963 CASABLANCA (Marokko)	de Souza – Marcou – Maraval	Frankreich
1964 GENEVE (Schweiz)	Gourab – Sennia – Farah	Algerien
1965 MADRID (Spanien)	Evequoz – Ferraud – Theiler	Schweiz
1966 PALMA de Majorque (Spanien)	Evequoz – Ferraud – Theiler	Schweiz
1971 NICE (Frankreich)	Perez – Villalba – Cardenal	Spanien
1972 GENEVE (Schweiz)	Paon – Lebeau – Mattei	Frankreich
1973 CASABLANCA (Marokko)	Haraz – Baldo – Viguier	Schweiz
1974 ALICANTE (Spanien)	Kokoyan – Garcia – Morales	Frankreich
1975 QUEBEC (Kanada)	Serando – Pau – Carioli	Italien
1976 MONACO (Monaco)	Rouviere – Luchesi – Calenzo	Frankreich
1977 LUXEMBOURG (Luxemburg)	Rouviere – Luchesi – Calenzo	Frankreich
1978 MONS (Belgien)	Serando – Napolitano – Ferro	Italien
1979 SOUTHAMPTON (England)	Serando – Napolitano – Ferro	Italien
1980 NEVERS (Frankreich)	Camelique – Franzin – Savio	Schweiz
1981 GAND (Belgien)	Hemona – Hemon C. – Berg	Belgien
1982 GENEVE (Schweiz)	Bandoli – Cornutello – Clapier	Monaco
1983 TUNIS (Tunesien)	Ferjani – Benhmida – Jabeur	Tunesien
1984 ROTTERDAM (Holland)	Kouider – Alaoui – Safri	Marokko
1985 CASABLANCA (Marokko)	Lopeze – Bideau – Choupay	Frankreich
1986 EPINAL (Frankreich)	Lakili – Lakili – Jendoubi	Tunesien
1987 BOUMERDES (Algerien)	Alaoui – Hammouchen – Safri	Marokko
1988 GENUA (Italien)	Choupay – Fazzino – Voisin	Frankreich
1989 PINEDA DE MAR (Spanien)	Choupay – Fazzino – Voisin	Frankreich

Damen WM 1988 in Palma de Mallorca (Spanien) Doublettes:
Thamkord – Meesup   Thailand

Jugend WM 87 in Hasselt (Belgien) Triplettes:
Kelle – Remiatte – Bonin   Frankreich

Jugend WM 89 in Tunis (Tunesien) Triplettes:
Ferrazzola – Dumanou – Roig-Pons   Frankreich

Verwandte Kugelspiele
(Boule Lyonnaise − Boule de bois − Boule de fort − Boule de berges − Boccia − Bowls)

Ähnliche Kugelspiele mit dem gleichen Grundgedanken, jedoch anderen Bewegungsabläufen, auf anderen Spielflächen und mit anders geartetem Spielgerät gibt es in Frankreich, Italien und England.

In Frankreich: Boule Lyonnaise, Jeu provençal (das bereits auf S. 15 beschrieben wurde), Boule en bois, Boule de fort, Boule de berges.
In Italien: Boccia.
In Großbritannien sowie in Australien, Neu-Seeland, Canada und anderen Ländern: Bowls.

Boule Lyonnaise

Das Spiel ist nach Pétanque am weitesten in Frankreich verbreitet und hat auch in Deutschland Anhänger.

Es ist bewegungsreich wie das Jeu provençal, wird mit größeren Metallkugeln (Durchmesser 9 bis 11 cm, Gewicht 0,7 bis 1,3 kg), einer größeren Zielkugel (Durchmesser 3,5 bis 3,7 cm) und auf einem besonders hergestellten, flachen und glatten Spielfeld von 27,5 m Länge und 2,5 bis 4 m Breite gespielt.

Mißt man vom Feldanfang, so stehen und werfen die Spieler aus dem Bereich von 0 bis 7,5 m (Quadrat) und dürfen diese 7,5 m Fußlinie beim Spiel nie überschreiten oder gar nur berühren. Das restliche Spielfeld ist in vier Zonen geteilt: Zone 1, das Mittelfeld ist zu überwinden (7,5 bis 20 m); in Zone 2 (20 bis 25 m − bei 25 m ist die Maximallinie) hat das Ziel zu Beginn zu liegen; in Zone 3 (25 bis 27 m − bei 27 m ist die Verlustlinie) darf das Ziel während des Spiels, ebenso werden Spielkugeln hier als gültig anerkannt; in Zone 4 (27 bis 27,5 m) ist alles ungültig. In Zone 2 werden Spielkugeln und das im Spiel bewegte Ziel unter bestimmten Bedingungen als gültig anerkannt.

Das Spielfeld kann von beiden Seiten benutzt werden und sieht deshalb mit seinen vielen Linien verwirrend aus, weil sich im Quadrat − für den Fall der Benutzung in umgekehrter Richtung − bei 0,5 m eine Verlustlinie und bei 2,5 m eine Maximallinie befinden, die aber jetzt keine Bedeutung haben.

Es werden gespielt:
− tête-à-tête: Zwei Einzelspieler mit je vier Kugeln
− doublette: Zweiermannschaften mit drei Kugeln je Spieler
− quadrette: Vierermannschaften mit zwei Kugeln je Spieler

Spielfeld beim Boule Lyonnaise

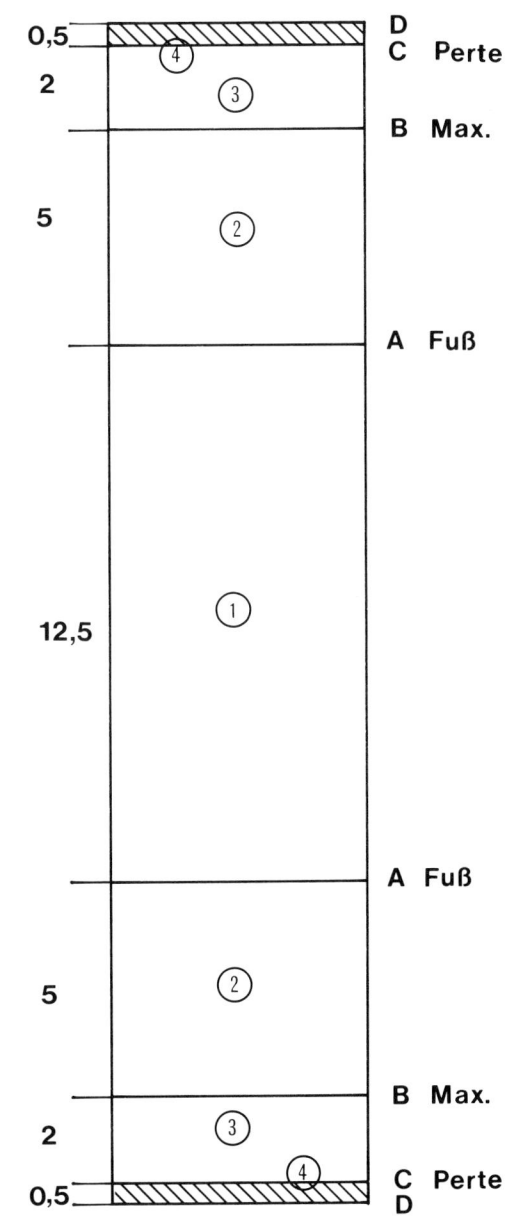

95

Kugeln und Ziele des Boule en bois (13,5 bzw. 9 cm groß), die in Wasser gelagert werden, damit das Holz nicht reißt − Café de l'Arche, Couënen / Loire

Der Spielumfang liegt zwischen 9 und 18 Punkten, normalerweise beträgt er 13.

Wird das Ziel im Laufe des Spiels ungültig, so wird in derselben Spielrichtung noch einmal geworfen, wenn beide Mannschaften noch Kugeln haben; hat nur eine Mannschaft Kugeln, so zählen sie als Punkte. Alle Spielgegenstände müssen markiert werden. Es gilt die Vorteilsregel: bei jeder Regelverletzung kann die gegnerische Mannschaft die entstandenen Veränderungen akzeptieren. Keine Kugel darf die Seiten- oder die Verlustlinie überschreiten. Die Kugel wird wie beim Pétanque gehalten. Beim Legen, im allgemeinen stehend, bestehen dieselben Wahlmöglichkeiten wie beim Pétanque. Beim Schießen, mit Anlauf, ist ein Flachschuß nicht möglich, weil die Kugel ungültig wird, wenn sie weiter als 50 cm von dem angekündigten Objekt aufschlägt. Ein entsprechender Meßstab, la cinquante, gehört mit zur Spielausrüstung. Der Schuß erfolgt mit einem Anlauf von fünf bis sechs Schritten.

Die Spielregeln sind im übrigen sehr detailliert und kompliziert.

Boule en bois

Ein immer seltener praktiziertes Spiel, das im Westen Frankreichs (Vendée, Poitou, Bretagne) noch Anhänger hat.

Die Kugeln sind aus Holz, haben einen Durch-messer von 10 bis 13 cm, wiegen fast 1,5 kg und haben ein Loch für den Daumen. Die Zielkugel ist 5,5 cm groß. Das Spielfeld ist 4 m breit und 22 m lang, plus 2 m an jedem Ende für die Spieler. Es ist von Bohlen umgeben, von denen die Kugeln abprallen können und dürfen. Jede Kugel ist gültig − außer sie springt aus dem umrandeten Spielfeld oder erreicht die Endlinie, ohne eine Kugel oder das Ziel berührt zu haben. Der Spielumfang beträgt gewöhnlich 13 oder 15 Punkte.

Die übrigen Regeln sind einfach.

Boule de fort

Es ist ein regionales Spiel mit Ähnlichkeiten zum Bowls und heute in Westfrankreich an der Loire (Angers) beheimatet. Es hat lange Tradition und war früher offenbar weiter verbreitet.

Die Kugeln haben eine konkave (cote faible) und eine konvexe, d. h. normal gerundete Seite (côté fort). Die Delle auf der konkaven Seite ist ca. 2 bis 3 cm tief und hat einen Durchmesser von etwa 5 cm, so daß die Kugeln, bei Blick auf die Laufflächen, auf der einen Seite zunächst wie abgeflacht aussehen. Sie haben einen Durchmesser von 12,5 cm, wiegen 1,3 bis 1,4 kg, bestehen aus Holz und haben einen Stahlmantel auf der breiten Lauffläche. Beim

Saint-Mandé — Le Jeu de Boules et les Champions

langsamen Rollen beschreiben sie eine Kurve in Richtung der schwereren (konvexen) Seite und kippen schließlich auf sie. – Das Ziel (le maître) ist 8 cm groß.

Das Spielfeld ist überdacht und beleuchtet. Es ist zwischen 6 und 7 m breit, zwischen 24 und 25 m lang, zusätzlich 6,3 m an jedem Ende für die Spieler. Es besteht aus Kunststoff oder aus gestampfter und geglätteter Erde, die ständig feucht gehalten werden muß, und ist an den Seiten mit einer breiten, flachen Neigung versehen, bei deren Nutzung die auf dem größten Umfang rollende Kugel sich in einer Sinuskurve von links nach rechts und wieder zurück laufend dem Ziel nähern kann. An den Seiten des Feldes befindet sich eine Ballustrade, an den Enden Gitter, durch die das wegspringende Ziel aufgehalten wird.

Es gibt tête-à-tête, doublette, triplette, aber auch Vierer- und Fünfer-Mannschaften mit je zwei Kugeln pro Spieler. Bei größeren Mannschaften hat jeder Spieler nur eine Kugel. Der Spielumfang beläuft sich auf 10 oder 12 Punkte. Die Regeln sind einfach. Das Ziel wird annulliert, wenn es aus dem Feld verschwindet oder über die ganze Länge bis dahin zurückrollt, wo die Spieler stehen.

Eine Abart des Spiels scheint das *Boule Nantaise* zu sein, das auf einer ähnlich geformten Bahn (16 x 5 m) mit 14,5 cm großen, vollen Kugeln in Kneipen (Cafés) von Nantes-Chanteney gespielt wird.

Boule de berges

Dies auch Boules parisiennes genannte, 1865 entstandene und fast ausschließlich in der Region von Paris betriebene Spiel hat ein 3,3 m breites, 30 bis 32 m langes Spielfeld (plus 4 m an jedem Ende für die Spieler, resp. als Platz der Zielkugel), das mit ähnlichen geneigten Seiten versehen ist, wie das Boule de fort. Der Boden wird festgewalzt, die Neigungen bestehen aus Beton. Die Kugeln sind 1 bis 1,1 kg schwer, haben einen Durchmesser von 9,5 bis 10 cm und bestehen aus Metall, nachdem früher genagelte Kugeln verwendet wurden.

Als Ziel dient eine große Stahlkugel, die Coco genannt wird.

Es werden tête-à-tête, doublette, triplette und quadrette gespielt, der Umfang beträgt 13 Punkte.

Anders als bei Pétanque oder Boule Lyonnaise werden die Kugeln unter Ausnutzung der seitlichen Neigungen gerollt. Das geschieht sowohl beim Legen wie beim Schießen.

Eine gelegte Kugel ist nur gültig, wenn sie nicht weiter als 1 m vom Ziel entfernt liegen bleibt, ein Schuß muß auf ein vorher bezeichnetes Objekt ausgeführt werden, es sei denn eine Kugel liegt näher als 5 cm beim Coco.

Ein besonders gut, unter Einbeziehung der Neigungen der Bahn, ausgeführter Schuß wurde um 1900 als „tir à Maillot" hoch gelobt.

Boßeln oder Klootschießen

Obwohl es nicht in diese Spielegruppe gehört, in Deutschland aber einen gewissen Bekanntheitsgrad hat, den meisten jedoch rätselhaft sein wird, soll es kurz erwähnt werden: Beim **Kloot-Schießen** oder **Boßeln** (mit gedehntem o gesprochen) wird eine Holzkugel geworfen und gerollt, mit Würfen bis zu 100 m und anschließendem Ausrollen. Es geht dabei um die Überwindung von Distanzen und Hindernissen: Klootschießen, mit einer knapp ein Pfund schweren Kugel, erstreckt sich über Stunden und kilometerlange Wege über gefrorene Äcker und Wiesen. Bei einer bestimmten Anzahl von Würfen zählt zwischen zwei Mannschaften oder Spielern der weiteste, zurückgelegte Weg. Boßeln mit einer Zwei-Pfund-Kugel geschieht aus dem Stand. Das Spiel ist in Nord- und Ostfriesland, in Holland, aber auch im Westen Südenglands (Bristol) und in Südirland (Cork) zu Hause.

Boccia

Boccia hat eine weite Verbreitung in Italien und überall, wo Italiener leben, und nicht nur unter ihnen. In Deutschland gibt es einen eigenen Verband.
Es wird mit Kugeln (boccie) aus Holz, heute bevorzugt aus Kunststoff und bei Wettbewerben aus einer besonderen Kunststein-Mischung gespielt. Zur besseren Unterscheidung sind sie unterschiedlich eingefärbt. Sie haben einen Durchmesser von 10,7 bis 11,3 cm und wiegen 920 bis 1 000 g. Die Setzkugel (pallino), also das Ziel, besteht aus Kunststoff und ist 3,9 bis 4,1 cm groß und wiegt 55 bis 65 g. Jede Mannschaft hat Kugeln gleicher Farbe.

Boccia wird bei Wettbewerben ausschließlich auf vorbereiteten, flachen, ebenen Bahnen, die mit Bohlen begrenzt sind, gespielt, kann jedoch als Freizeitspiel auch auf anderem Untergrund und in anderer Umgebung wie z. B. auf Rasen oder Wegen stattfinden.

H^{te} de Seine – Das Boulespiel im Park – 1892

Bocciaspiel in Bad Nauheim − 1961

Die Bahnen sind zwischen 24 und 26,5 m lang und zwischen 3,8 und 4,5 m breit. Die Umrahmung aus Holz oder Metall muß 25 cm hoch sein. An den Kopfenden befindet sich darüber ein beweglich aufgehängtes Brett von noch einmal 1,25 m Höhe. Dies ist wohl ein Hinweis auf die Häufigkeit aus dem Spiel springender Schußkugeln, die nicht ins Spiel zurückspringen dürfen, vor deren Heftigkeit aber die Umgebung gleichwohl geschützt werden muß. Kugeln sind ungültig, wenn sie auf ihrem Wurfweg die niedrige Umrandung berühren, Kugeln und Pallino, die nach Ruhelage gegen die Umrandung geraten, bleiben unter bestimmten Bedingungen gültig, ebenso die nachträglich von ihnen bewirkten Veränderungen.

Das Feld ist durch Querlinien unterteilt, die den Abwurfraum, den Platz für den Pallino sowie die Abwurf- und Aufschlaggrenzen für verschiedene Wurfarten angeben und den Raum begrenzen, bis zu dem der Spieler nach dem Wurf laufen darf. Für die Spieler steht der Platz von 0 bis 4 m (Spielfeldlänge 26,5 m) zur Verfügung für das Werfen des Pallino, für den Abwurf des Raffa (Flachschuß) und für das Spiel auf den Punkt (Legen). Bei der Linie bei 7 m muß der Spieler den Volo (direkter Schuß = bocciata da volo) spätestens werfen, beim Raffa darf die Kugel nicht hinter ihr aufschlagen. Bei Raffa und Volo kann der Spieler dann noch bis zur folgenden Linie auslaufen. Über die Mittellinie 13,25 m muß der Pallino mindestens geworfen werden, er ist ungültig, wenn er nach dem Anwurf die Linie bei 22,5 m überschreitet.

Bei Raffa und Volo muß das Objekt vorher bezeichnet werden, jedoch können auch Objekte gültig getroffen werden, die höchstens 13 cm vom angegebenen entfernt sind (bersaglio). Der Volo ist allerdings nur gültig, wenn er höchstens 40 cm vom getroffenen Objekt (auch dem bersaglio angezielten) entfernt aufschlägt.

So sagen es die schon recht komplizierten internationalen Regeln von 1984. Ältere Regeln kannten darüber hinaus unter der Rubrik Rigolo nicht nur Schüsse wie den Raffa, sondern auch noch Stick, Alzata, Mortirolo.

Gespielt wird in beiden Richtungen über die Bahn, mit einem Richtungswechsel nach jedem Spielabschnitt.

Es spielt sich in Einzeln (Individuale) mit vier Kugeln je Spieler, Doppeln (Coppie) mit je zwei Kugeln pro Spieler also vier Kugeln pro Mannschaft, Dreiermannschaften (Terne) und Vierermannschaften mit je zwei Kugeln pro Spieler, wobei pro Aufnahme immer nur zwei Spieler jeder Mannschaft spielen und dann ein Wechsel stattfindet. Im Spiel bleibt es also immer bei acht Kugeln, vier pro Mannschaft.

Der Spielumfang beträgt 15 Punkte. Die Regeln für Wertungen von Würfen sind minutiös.

Bowls

Es gibt zwei verschiedene Bowls-Spiele (Flat Green Bowls und Crown Green Bowls), von denen das erste auf flachem Rasen gespielt wird, das zweite auf unebenem, wobei die Mitte der quadratischen Spielfläche 15 bis 35 cm höher ist als die äußere Kanten. Das zweite Spiel ist komplizierter und wird vorwiegend im Norden Englands praktiziert.

Im folgenden wird Flat Green Bowls dargestellt:

Die Kugeln bestehen aus Kunststoff, selten wie früher noch aus Holz. Sie sind auf der einen Seite abgeflacht und erhalten dadurch ein Übergewicht auf der anderen Seite (bias). Wie beim Boule de fort zieht es die Kugel gegen Ende ihrer Rollbahn in eine Kurve, bis sie schließlich auf der schweren Seite liegen bleibt.

Neben der Lauffläche (größter Umfang) sind Vertiefungen oder Muster angebracht, die ein besseres Halten der Kugel ermöglichen. In manchen Ländern (für eher trockene Rasenflächen) wird die Abflachung auf beiden Seiten vorgenommen, so daß sie fast einer sehr dicken Scheibe ähneln und beim Blick auf die ziemlich schmale Lauffläche wie eine Ellipse aussehen. Diese elliptische Form bewirkt ein schnelleres Kippen bei verlangsamtem Lauf und gleicht damit die geringere Brems- oder Haftfähigkeit eines trockenen Bodens aus. Kugeln aus Holz haben einen größten Umfang von 16,5 inch. (ca. 42,5 cm), also einen größten Durchmesser von etwa 13,5 cm. Sie dürfen nicht mehr als 3,5 engl. pounds (ca. 1570 g) wiegen. Kunststoff-Kugeln haben andere Relationen zwischen Gewicht und Größe. Das einseitige Übergewicht (bias) ist durch die Regeln fixiert und darf nicht verändert werden. Die Zielkugel, the Jack, ist ca. 8,9 cm (3,5 inch) groß und wiegt ca. 255 g (9 ounces).

Die Kugeln können entweder von Finger und Daumen umfaßt gehalten (claw grip) oder auf der Hand liegend gespielt (craddle grip) werden. Ein Rechtshänder kann die rechte Seitenlinie entlang spielen, wenn der Bias (die schwere Seite der Kugel) nach links weist, und so eine Kurve zum auf der Mittellinie liegenden Jack erreichen (Vorhand, forehand shot). Er kann aber auch diagonal spielen, wenn der bias nach rechts weist, und so von links kommend den Jack erreichen (Rückkhand, backhand shot).

Es gibt die Spieltechniken des Legens (trail) und des Schießens (skittle oder drive). Daneben noch den Schutzwurf (guard), mit dem man ein durch einen möglichen gegnerischen Schuß gefährdetes Objekt schützt, indem man eine Kugel etwa 60 cm davor legt.

Je nachdem, ob eine Kugel den Jack berührt (touch) oder nicht berührt, kann sie noch gültig sein, auch wenn sie in den Graben gelangt.

Spielumfänge bemessen sich nach der Zahl der Durchgänge und werden vereinbart (am häufigsten 21). Die Wertung geschieht nach dem Grundprinzip aller ähnlichen Spiele. Das Spielergebnis (score) wird nach der Zahl der gewonnenen Durchgänge (ends) oder der darin gewonnenen Punkte (shots) gemessen.

Gespielt wird auf einer quadratischen, kurzgeschnittenen Rasenfläche (green) von 36 bis 40 m (40 bis 44 yards) Seitenlänge, die in Streifen (rinks) von 5,5 bis 5,8 m (18 bis 19 feet) Breite unterteilt ist. Das Green wird umgeben von einen Graben (ditch) von 5 bis 20 cm (2 bis 8 inch) Tiefe und 20 bis 38 cm (8 bis 15 inch) Breite, hinter dem sich eine möglichst senkrechte (höchstens 35° Abweichung) Ufer-wand (bank) befinden muß, die die Spielfläche um mindestens 23 cm (9 inch) überragen muß. Es gibt Einzel (singles) mit vier Kugeln je Spieler, die alternierend gespielt werden, Doppel (pairs) mit vier Kugeln pro Spieler, wobei zunächst zwei gegnerische Spieler alternierend spielen, dann die nächsten zwei; Dreiermannschaften (triples) mit drei Kugeln je Spieler. Singles und Fours scheinen die häufigsten Spielarten zu sein. Bei Vierermannschaften gibt es eine fest vorgeschriebene Rollenverteilung.

Ein Spiel läuft innerhalb eines Rinks ab, also einer Fläche von ca. 40 x 5,8 m, an den Stirnseiten begrenzt durch den Graben. Kugeln, die die Seitenlinie überschreiten oder in den Graben fallen, sind ungültig. Kugeln die von der Uferböschung wieder zurück ins Feld springen, sind gültig.

Die anderen Rinks eines Greens können nacheinander von denselben Mannschaften oder zugleich von anderen benutzt werden, je nach der Art der Vereinbarung, z. B. Vereinskämpfe, Wettbewerbe.

Abgespielt wird von einer rechteckigen Matte (mat), die ca. 60 cm lang und ca. 35 cm breit ist und einen 5 cm breiten, weißen Rand hat. Beim ersten Durchgang eines Spiels liegt sie in 1,2 m Entfernung vom Graben auf der Mittellinie des Rinks so, daß eine schmale Seite der Matte zum Graben weist. In den weiteren Durchgängen kann sie anders, aber immer auf die Mittellinie gelegt werden (zwischen 1,2 m vom Graben auf der Abspielseite und 24 m vom gegenüberliegenden Graben).

Der Spieler steht auf der Matte, macht einen Schritt vorwärts, läßt das andere Bein auf der Matte oder hebt es beim Wurf etwas ab. Dieses zweite Bein muß beim Abwurf über der Matte verbleiben, darf also den Luftraum, der durch die Mattenkanten begrenzt wird, nicht verlassen.

Der Jack liegt bei einem Rink von 40 m Länge mindestens 22,5 m von der Matte entfernt. Er wird geworfen und danach, bei Beibehaltung der Entfernung, auf die Mittellinie des Rinks gelegt (zentriert).

Dritte Bowls-Weltmeisterschaft für Damen in England, 1977.

Vorläufer des Spiels von der Antike bis zum 19. Jahrhundert

Seit ältesten Zeiten scheinen runde, handliche Gegenstände den Menschen als Spielzeug und als Übungsgerät beim Körpertraining gedient zu haben. Kugeln und insbesondere Bälle sind aus Funden, bildlichen Darstellungen und Beschreibungen bekannt. Die verwendeten Materialien reichen von Leder, Papyrusfasern und Keramik bis zu Holz, Metall und Stein. So berichtet die Encyclopädia Britannica[1] vom Fund einfacher Gegenstände in einem ägyptischen Kindergrab (ca. 5 200 v. Chr.): neun Steinstücke, offenbar als eine Art Kegel aufgestellt, dienten als Ziel für eine Steinkugel, die wohl vorher durch einen Marmor „bogen" laufen mußte, der aus drei weiteren Steinen gebildet wurde.

In Schottland sind ca. 4 000 Jahre alte Steinkugeln gefunden worden, die mit Linienmustern versehen waren. Ihr möglicher Verwendungszweck ist allerdings völlig unklar[2]. In England scheinen in der Römerzeit Alabasterkugeln zum Spielen genutzt worden zu sein[3].

*) Anmerkungen am Schluß des Kapitels

Während über die Verwendung von Bällen sehr alte Texte und Darstellungen Auskunft geben, liegen solche Informationen über Kugeln nicht vor. Die griechischen Sphaera z. B., die von manchen Boule- und Pétanque-Büchern[4] fälschlicherweise[5] in die Ahnenreihe einbezogen worden sind, waren tatsächlich Bälle.

Eine der Ideen des Boule-Spiels allerdings, nämlich einen Gegenstand in die Nähe eines Ziels zu werfen, wurde in römischer Zeit in Spielen verwendet. Julius Pollux (2. Jh. n. Chr.) hat ein solches Spiel beschrieben, bei dem Steine verwendet wurden und bei dem der Gewinner den Verlierer auf den Schultern tragen mußte.

Ein Kindersarkophag, der in den Vatikanischen Museen[6] in Rom steht, zeigt Kinder, die vermutlich mit ovalen Steinen oder Holzgegenständen spielen. Sie werden gegen drei oder vier aufgehäufte Gegenstände (Pyramiden) der gleichen Art geworfen. Amelung[7], der diese Darstellung beschrieben hat, be-

„Les Amateurs du Savant Jeu de Boule aux Champs Elysées"

zeichnet die Gegenstände wohl wegen ihrer Kerben als Nüsse. Diese Deutung dürfte angesichts ihrer Größe unwahrscheinlich sein, denn, wie ein Vergleich zur Körpergröße der Kinder zeigt, müßten sie zwischen acht und zehn Zentimeter lang gewesen sein.

Aus etwa der gleichen Zeit berichtet Tacitus (55-116 n. Chr.) in seinem geschichtlichen Werk Germania: Die Bewohner an der Niederelbe verwendeten gegen die römischen Eindringlinge in der Sonne getrocknete Lehmkugeln. Selbst auf größere Entfernungen erzielten sie eine bewundernswerte Treffsicherheit, weshalb auch die römischen Krieger diese Kugeln fürchteten.

Danach verebbten für über tausend Jahre in Europa die Nachrichten über Kugeln aus festem Material. Die Quellen sprudeln erst wieder ab etwa dem 13. Jahrhundert:

Aus England liegen Berichte über Bowls (Bowling on the Green) vor. Die Encyclopädia Britannica erwähnt sogar, daß der 1299 gegründete Town Bowling Club von Southampton noch heute existiere[8].

Die anderen Erwähnungen des Spiels finden sich jetzt in Verboten und Einschränkungen, die auf die Popularität dieser Beschäftigung hinweisen. 1319 untersagt der französische König Philippe V. das Boule-Spiel, weil dadurch das Volk vom ebenfalls als Freizeitbeschäftigung beliebten, aber zugleich kriegerisch nützlichen Bogenschießen abgelenkt werde. 1337 verbietet der englische König Eduard III. Bowls aus denselben Gründen und sogar unter Androhung der Todesstrafe. Diese Maßnahme dürfte schon im Vorfeld der langwierigen Auseinandersetzungen zwischen den beiden Ländern stehen, dem Hundertjährigen Krieg (1339-1453). Die Verbote werden immer wieder erneuert: 1369 Karl V. von Frankreich, 1388 Richard III. von England, auch Heinrich IV. (1399-1413) und Edward IV. (1461-1483) von England sehen sich zu gleichen Maßnahmen veranlaßt. Das Spiel wird den Nichtadligen (commons) verboten.

Das Boule-Spiel wird aber auch in einem ganz anders gearteten Verbot aus dem Jahr 1397 erwähnt, in dem der Prévôt de Paris es den

Handwerkern an Arbeitstagen untersagt. Diese Maßnahme richtete sich gegen eine weit verbreitete Spielleidenschaft. Viele Spiele erhielten glücksspiel-ähnliche Züge mitsamt den verheerenden wirtschaftlichen Folgen für den einzelnen. Gegen diese Gefahr haben sich manche Personen gewehrt, indem sie sich in notariellen Verträgen den Zwang auferlegten, nicht mehr zu spielen – der früheste wird 1381 erwähnt – z. T. griff die Obrigkeit ein: so der Erzbischof von Tournay 1428[9] und Charles II. von Frankreich 1485[10]. Aus dem Jahr 1520 ist ein solcher Vertrag zwischen einem Schuhmacher und einem Weber bekannt, die sich verpflichteten u. a. nicht mehr „a las cartas burlos" zu spielen. Dieses Spiel war ein Boule-Spiel mit Geldeinsätzen, die von dem Gegenstand, auf dem sie lagen, heruntergestoßen werden mußten. Wem es gelang, der gewann alles Geld, die Verlierer hatten sozusagen auf eine Karte gesetzt[11]. Der Larousse bezeichnet das Spiel als „jeu au bouchon".[12]

Verbote aus militärischen Gründen sind jetzt nicht mehr zu finden. Armbrust und Bogen stellten keine Konkurrenz mehr für die Kugeln dar, seit nach der Erfindung des Schießpulvers in Europa (1315 durch Berthold Schwarz: Schwarzpulver) Artillerie und Gewehre in der zweiten Hälfte des 14. Jahrhunderts an Bedeutung und an Ansehen gewannen[13]. Vier Jahrhunderte später scheint diese Entwicklung für Begriffe des Boule-Spiels Auswirkungen zu haben (s. weiter unten), vielleicht hatte sie aber solche auch schon für die Entscheidung des Papstes Julius II. (1503 - 1513), der alle guten Boule- (vielleicht besser Boccia-) Spieler des Kirchenstaates zu einer Steinwerfer-Kompagnie versammelte.[14]

An der weiten Verbreitung von Boule, Bowls oder Boccia änderten jedenfalls auch Verbote nicht viel. Die Kugeln nahmen über Höhen und Tiefen ihren Lauf.

Von 1511 stammt ein Erlaß von Heinrich VIII. von England gegen Bowls, weil zu oft in der Nähe übler Plätze um Geld gespielt wurde, und es „aufgehört hat, ein Sport zu sein"[15]. – Jedoch schon 1588 ist es auf höchster Ebene angelangt: der Oberbefehlshaber der englischen Flotte Sir Francis Drake läßt sich in der

Nähe von Plymouth nicht von der Beendigung einer Partie abhalten, obwohl die spanische Armada auf ihrer Fahrt gegen England schon gemeldet ist.

Shakespeare (1564 - 1616) erwähnt das Spiel gelegentlich in seinen Dramen, z. B. in Richard II. (entstanden 1595). Das Spiel hat offensichtlich einen hohen gesellschaftlichen Rang, wird sowohl von Männern wie von Frauen gespielt und kann sogar der Königin empfohlen werden. Auch der „bias", der den exzentrischen Schwerpunkt der Kugel bewirkt, ist schon eingeführt. 1618 empfahl der englische König James I. seinem Sohn das Spiel in dem „Book of Sports". Samuel Pepys (1633 - 1703), berühmter Tagebuch-Schreiber in hoher Position bei der Admiralität, erwähnt es mehrfach als Spiel von Personen höchster Gesellschaftskreise.

Später jedoch kam es wegen seiner Nähe zu Tavernen und als Geldspiel wieder in Verruf. Eine Ausnahme bildete Schottland, wo es, seit dem 16. Jahrhundert eingeführt, ohne dieses dubiose Flair blieb und zeitweilig Nationalsport war. Über schottische Auswanderer gewann es schließlich gegen Ende des 19. Jahrhunderts wieder allgemeines Ansehen und ist heute fester Bestandteil der alle vier Jahre ausgetragenen Commonwealth-Spiele.

In Frankreich erwähnt Rabelais (1494 - 1553) in seinem 1534 erschienenen, ersten Buch von Gargantua et Pantagruel u. a. fünf Spiele[16], deren Begriffe und Ideen sich in den heutigen Boule-Spielen wiederfinden lassen: au franc du carreau, à cochonnet va devant, au palet, à la boulle plate, à la courte boulle.

Au franc du carreau war ein Geldspiel, bei dem in ein gezeichnetes Quadrat Spielsteine oder Geldstücke genau in die markierte Mitte geworfen werden mußten, um zu gewinnen.

A cochonnet va devant war ein mit Steinen oder Kugeln durchgeführtes Spiel, bei dem auf ein Ziel (cochonnet = Schweinchen) geworfen wurde. Nach jedem Wurf wurde das Ziel erneut weiter geworfen, so daß sich eine Art Spaziergang ergab. Dasselbe Spiel meint offenbar Montaigne im Dritten Buch seiner Essais (erschienen 1588), der in diesem Falle von corni-

Das Boulespiel, Wandteppich nach einem Entwurf von Bayeu

chon (= Gürkchen) spricht.[17] Das cochonnet wurde später auch in Form eines zwölfseitigen Würfels mit Zahlen zum Spiel auf Tischen benutzt.[18] Ein Boule-Spiel, vergleichbar dem von Rabelais genannten, scheint noch um 1850 in Lyon bekannt gewesen zu sein.[19] – Wahrscheinlich paßt in dieses Bild der Begriff mène = Aufnahme, der sich von dem Verb mener = führen ableiten dürfte. Der ursprüngliche Sinn dieses Verbs bezog sich auf das Treiben (Führen) von kleinerem Vieh wie Ziegen oder Schweine, die der Hirt mit drohenden Rufen, Gebärden und vielleicht Werfen kleiner Steine in Bewegung und ans Ziel brachte. *Au palet* ist ein Spiel mit flachen, runden Steinen, die man auf ein Ziel zuwarf. Es konnten auch kleine quadratische Fliesen (carreau), Münzen oder Metallscheiben benutzt werden. *A la courte boulle* ist ein Boule-Spiel auf kurze Distanz. Daneben existierte noch ein langes Boule-Spiel, bei dem vor dem Abwurf fünf bis sechs Schritte zu machen waren. *A la boulle plate* ist ein Spiel mit abgeflachter Kugel wie beim Bowls oder beim Boule de fort, deren Form schon 1428 vom Erzbischof von Tournay in Nordfrankreich erwähnt wurde.

In Brüssel entstand 1560 das Kinderspielbild von Pieter Brueghel dem Älteren (heute Kunsthistorisches Museum, Wien), auf dem Kinder beim Spiel mit großen Kugeln abgebildet wurden. Ob es sich dabei um ein Boule-Spiel handelt, ist allerdings unsicher.[20] Angesichts der Anrüchigkeit des Boule nahm 1629 die Kunsthandwerker-Zunft von Paris, zu der auch die Hersteller von Federbällen und Schlägern (jeu de paume) gehörten, die Gelegenheit wahr, es gerichtlich verbieten zu lassen und sich so einen breiteren Markt zu verschaffen. Aber auch das half wohl nicht wesentlich. Denn 1688 konnte Regnard es in seinem Theaterstück Divorce (= Scheidung) noch als geläufig darstellen.[21] Ein Adliger (versinnbildlicht in der Götterfigur Jupiters) berichtet, daß er sich zu einem Boule-Spiel mit procureurs (Vermögensverwaltern, Treuhändern) habe hinreißen lassen und als Folge kaum noch das Geld hatte, sich auch nur den dritten Rang im Theater zu leisten. Dort fand dann das Gespräch statt. Das Spiel wird als à la

boule aux petits carreaux bezeichnet, was vielleicht auf eine zu Rabelais' Zeiten noch nicht bekannte Kombination von Spiel und Geld hinweist. Das Spiel war offensichtlich auf dem Weg in höhere Kreise. Dies belegt auch die Geschichte mit dem Marschall Turenne (1611 - 1675), der sich nicht zu schade war, Bauern beim Spiel als Schiedsrichter zu dienen, wenngleich er anschließend wegen seiner Entscheidung beschimpft wurde.[22] Allerdings war der Weg noch weit. Antoine Conte de Hamilton (1642 - 1720), irischer Geburt und englischer Höfling bei den katholischen Stuarts, der mit Jakob II. seit 1688 in dessen Pariser Exil lebte, beschreibt es als eine Beschäftigung des Adels in England und als einen Zeitvertreib der Handwerker und Diener in Frankreich. Mit der Übernahme mancher feiner englischer Sitte in dieser Zeit hat sich dann der französische Adel wohl bald des Bowls' angenommen.[23] Diderot jedenfalls beschreibt in der von ihm mitherausgegebenen Encyclopédie (1751 - 1772) deutlich das englische Spiel. In England wurde Bowls auf kurzem Rasen (bowling green) gespielt, in Frankreich waren dementsprechend „boulingrins" verbreitet, so sehr offenbar, daß Voltaire (1694 - 1778) das Wort boulevard (aus Boule = Kugel und vert = grün) davon abzuleiten versuchte, womit er sich aber wohl irrte.[24] Mit der Revolution (1789) verabschiedete sich dieses Spiel weitgehend aus dem öffentlichen Bewußtsein Frankreichs, es sei denn, man sähe Boule de fort, das an der Loire gespielt wird, nicht nur als einen Nachfahren des Boule plate, sondern auch des englichen Spiels. Die runden Kugeln waren wieder dran. Boule-Spiele wurden seitdem immer wieder erwähnt und beschrieben, Boule-Szenen von Malern und Zeichnern dargestellt. Offenbar hatte sich das Spiel in verschiedene Varianten gespalten. Sie wurden nur von kleinen Anhängergruppen gespielt, weil das Regelwerk häufig übermäßig umfangreich war. In einigen Regionen, um Lyon herum und weiter südlich, hatte es wohl einen stärkeren Zulauf und lenkte dann das öffentliche Interesse auf sich. Dazu einige markante Beispiele:
Eine tragische Begebenheit wurde 1792 aus Marseille berichtet. Einige junge Leute begannen im Kloster der Récollets in einem Saal, in

Paris – Boulespieler an der barriere d'Enfer 1872

dem Pulverfässer und andere Munition gelagert waren, mit kleinen Kugeln Boule zu spielen. Entweder durch unachtsame Raucher oder durch Funken, die durch aufschlagende Kugeln entstanden, entzündete sich das Pulver. Bei der Explosion verloren 38 Menschen ihr Leben.[25]

Verbote waren gelegentlich wieder zu finden: 1824 wurden im Lyoner Stadtteil La Guillotière einige Straßen und Plätze für das Spiel gesperrt. 1833 war das Spiel während des Eisenbahnbaus zwischen Lyon und St. Etienne neben anderen, der Konzentration auf die Arbeit hinderlichen Beschäftigungen untersagt. 1870, zu Beginn des Deutsch-Französischen Krieges, erhielten Nationalgardisten in Marseille den strengen Befehl, während der vorgesehenen Übungszeiten nicht Boule zu spielen angesichts der Gefahr für das Vaterland.[26]

Einige Begriffe des Boule-Spiels scheinen der kriegerischen Beschäftigung mit Kugeln entnommen. Deshalb noch ein kurzer Blick in dieses Gebiet:

Kugeln und Steine haben schon früh kriegerischen Zwecken gedient. Sie wurden mit der Hand, dann mit Schleudern und komplizierten Wurfmaschinen und schließlich aus Rohren und mit Hilfe des Schießpulvers gegen den Feind verwendet. Die frühe Artillerie bevorzugte große Geschosse (200 bis 300 Pfund Gewicht), aber im 18. Jahrhundert waren die Kugeln (boules, boulets) dann bloß noch zwischen 84 und 133 mm groß und wogen zwischen 2 und 8 kg, so zum Beispiel die Feldkanonen der französischen Armee.[27]

Da die Kugel kleiner sein mußte als der innere Geschützdurchmesser, damit sie beim Laden von vorn und später beim Herausfliegen nicht klemmte, wurde nach dem Pulver ein Vorschlag im Rohr untergebracht, auf den die Kugel folgte. Der Vorschlag (frz. bouchon)[28] bestand aus zusammengepreßtem Heu, Stroh oder Hanftauen und sorgte dafür, daß nicht ein Teil des Explosionsdruckes nutzlos an der Kugel vorbeistrich, d. h. er drückte die Kugel kraftvoll aus dem Rohr.

Neben den massiven Kugeln gab es solche, die mit Sprengstoff gefüllt waren und nach dem Aufprall explodierten. Dies geschah mit Hilfe eines angehängten kleinen Zünders, den man ebenfalls bouchon[29] nannte.

Die Bedienungsmannschaft bestand aus acht bis zehn Personen, deren Funktionen streng reglementiert waren. U. a. gab es einen Kommandanten, einen für das Zielen (frz. pointer) Verantwortlichen (Kanonenrichter, frz. pointeur) und einen, er das Entzünden besorgte (frz. tireur).[30]

Die Geschütze hatten bei standardisierten Pulverladungen eine maximale Reichweite (frz. portée), die mit einem Bogenschuß erreicht werden konnte. Bei bestimmter flacher Flugbahn und einem Aufschlagpunkt auf festem Untergrund, hüpfte die Kugel mehrfach über den Boden und hinterließ die gewünschten, verheerenden Folgen in der anmarschierenden, feindlichen Infanterie. Der Aufschlagpunkt war die Voraussetzung und der Ausgangspunkt für ihre weitere Bewegung (und ihre Berechnung). In diesem Sinne würde verständlich, wieso das Wort la donnée, das eigentlich die gegebene Größe in mathematischen Rechnungen bedeutet, den Aufschlagpunkt beim Boule-Spiel bezeichnet.

Wieso sind deutlich militärische Begriffe in ein volkstümliches Spiel übernommen worden, und wann geschah es?
Die Ähnlichkeit der Objekte und der ballistischen Probleme mit ihnen sind natürlich auffällig, erklären aber schlecht, warum militärische Funktionsbezeichnungen und andere technische Wörter verwendet werden[31], wie z.B. tireur = Schießer, pointeur = Leger, capitain = Mannschaftskapitän, meist der Mittelspieler, bouchon = Ziel, canonier[32] = guter Schießer, aux armes = zu den Waffen, als Aufforderung, jetzt zu schießen.
Vielleicht war Boule die bevorzugte Freizeitbeschäftigung der Artilleristen, vielleicht lag es an dem hohen Ansehen, das die Artillerie genoß und an der Popularität ihrer Erfolge:
Die französische Artillerie des ausgehenden 18. Jahrhunderts war wegen ihrer organisatorischen, technischen und taktischen Fähigkeiten denen aller anderen europäischen Ländern weit überlegen. Der Ausbildungsstand war hoch, und in der Revolutionszeit kam aus ihren Reihen eine überproportional große Zahl von Rednern und Mitgliedern revolutionärer Clubs. Sie erwies sich in den Schlachten des revolutionären Frankreichs und später Napoleons, also in der Zeit von 1792 bis 1815, als die entscheidende Waffe, die wesentlich zu den Erfolgen beitrug.[33]
Das mag der Grund sein, warum in den Boule-Spielen, die aus der Region von Lyon stammen (Boule Lyonnaise, Jeu provençal, Pétanque), sich diese Terminologie einbürgerte. Bowls kennt vergleichbare Ausdrücke ebenso wenig wie Boccia.
Einen Hinweis auf den Zeitpunkt mag auch ein französischer Beleg aus dem Jahre 1791 geben, der diese Sprache noch nicht kennt: Der Physiker Ampère berichtet über ein Boule-Spiel, das er mit „deux superbes touches, dont un carreau" (zwei hervorragende Berührungen, davon ein carreau) beendet habe.[34] Also noch kein Schuß.

Will man aus dieser knappen Darstellung der Entwicklung für das Pétanque eine Folgerung ziehen, so läßt sich vielleicht sagen:
Das Spiel beruht auf einem alten populären Spiel, das Ideen und Begriffe aus anderen Spielen in sich aufgenommen hat (carreau, cochonnet, cornichon[35], palet), zuletzt eine militärische Terminologie übergestülpt bekam (und auch vielleicht ein wenig von dem Geist) und endlich, das zeigt die jüngere Geschichte, durch Vereinfachung der Regeln, eine effiziente Verbandsorganisation und ein solides wirtschaftliches Interesse sich (wieder) zu einem weitverbreiteten Spiel gemausert hat.

Anmerkungen

1) Macropaedia, Band 3, Ausgabe 1974, Stichwort: Bowling
2) Gwen White, Antique Toys and Their Background, New York, 1972, S. 23
3) White, S. 24
4) so z. B. M. Hornickel, Jeux des Boules: Pétanque und andere Kugelspiele, Berlin o.J. (vermutlich 1981), S. 12
5) A. Duluc, Jeux de boules, Paris (ed. Amphora), 1978, S. 12
6) Museo Chiaramonti - Foto Nr. 7102 in der Sammlung des Deutschen Archäologischen Instituts, Rom
7) Walter Amelung, Die Sculpturen des Vaticanischen Museums, Berlin 1903, Band I, S. 638/9, Nr. 497 A
8) Enc. Brit., s. Anm. 1
9) Duluc, SS. 14 und 61
10) Michel Psychari, Les jeux de Gargantua, Revue des études rabelaisiennes, Band VI (1908), SS. 1 - 37, 124 - 181, 317 - 361 und Band VII. (1909), SS. 48-64, insbes. Bd. VI, SS. 8/9
11) Psychari, Bd. VI, S. 9, Fußnote 1
12) Grand Larousse encyclopédique, Paris, 1960-1964, Stichwort: „bouchon"
13) Carl v. Decker, Geschichte des Geschützwesens und der Artillerie in Europa, Berlin und Posen, 1822 (Nachdruck Zürich 1979), SS. 3 ff.
14) J. Roggero, Le livre de la pétanque et du jeu provençal, Paris (J. Grancher, ed.), 1983, S. 12
15) Enc. Brit. (s. Anm. 1): Die Informationen in diesem und dem folgenden Absatz entstammen der dort gegebenen Darstellung.
16) François Rabelais, Gargantua und Pantagruel, München (Winkler), o.J, 1. Buch, 22. Kapitel − Das Werk erschien ab 1532; das heute, wegen der Abfolge der Geschichte, als 1. Buch bezeichnete wurde vom Autor als 2. Buch erst 1534 veröffentlicht. − Oeuvres de Rabelais, Paris (Firmin-Didots & Coe), 1882 (2. Auf.), mit Commentaire de MM. Burgaud des Marets et Rathery -
Die Darstellung der einzelnen Spiele nach Psychari (s. Anm. 9).
17) Montaigne, Essais, Buch 3, Kapitel 13 in: Montaigne, Oeuvres complètes, Paris (Gallimard), 1962, S. 1089
18) Psychari, Bd. VI, S. 162, der Antoine Furetière (1619-1688) zitiert
19) in der Rabelais-Ausgabe von 1882 (s. Anm. 16) schreiben die Kommentatoren (Bd. 1, S. 166, Fußnote 4): „C'est évidemment le même jeu, que le cochonnet, ou, comme on disait à Lyon dans les collèges, il y a une trentaine d'années, cochon va devant, jeu dans lequel la boule ou cochonnet, incessament poussée en avant, forçait les joueurs à la poursuivre." (Es ist offenbar dasselbe Spiel wie das Schweinchen, oder wie man vor etwa dreißig Jahren an den Schulen von Lyon sagte, Schwein nach vorn, ein Spiel bei dem ständig die vorwärts gestoßene Kugel oder Schweinchen die Spieler zwang, ihr zu folgen.)
20) Jeannette Hills, Das Kinderspielbild von Pieter Brueghel d.Ä. (1560), Wien, 1957, S. 41, Nr. 54: Das Spiel ließ sich nicht identifizieren.
21) zitiert nach Ch. Tardieu, Boules, Paris (Bornemann), 1953, S. 3
22) Duluc, S. 15, der E. Fournier, Histoire des jouets et des jeux d'enfants, Paris (Dentu), 1889 zitiert.
23) Duluc, S. 14
24) Duluc, S. 16 − laut dem Nouveau Dictionnaire étymologique et historique, Paris (Larousse), 1971 stammt das Wort von dem alten holländischen Wort bolwerc und ist schon 1495 erwähnt.
25) nach Hornickel und Roggero, die aus Bouliana, Prose et Vers, 1874 (herausgegeben von Mitgliedern des 1824 gegründeten Cercle des Boulomanes de Marseille) zitieren
26) Duluc, SS. 18/19
27) Matti Laurema, L'artillerie de campagne française pendant les guerres de la révolution, Helsinki, 1956, SS. 15/16
28) J.G. Hoyer, Allgemeines Wörterbuch der Artillerie, Tübingen, 1808-1812, Stichworte: „Laden des Geschützes" und „Vorschläge" − A. Griffiths, Manuel de l'artilleur anglais (übersetzt von Rieffel), Paris (Correard), 1848, S. 280. Auf S. 285 wird auch der Begriff „Tampon de bois" (Holztampon) für denselben Gegenstand verwendet
29) Grand larousse (s. Anm. 12) nennt beide Bedeutungen, die zweite als „allumeur de grenades"
30) Griffiths (s. Anm. 28), SS. 275 ff., − für die Bedeutung der Begriffe s. auch Paul Littré, Trésor de la langue française, Paris, 1887; Sachs-Villatte, Enzyklopädisches Frz.-Dt. und Dt.-Frz. Wörterbuch, Große Ausgabe (17.-19. Aufl.) Berlin; Robert, Dictionnaire alphabétique et analogique de la langue française, Paris, 1966
31) M. Abney-Hastings, The Pernod Book of Pétanque, London, 1981, S. 14
32) Francois Grimaud, Petit glossaire du jeu de boules in: Vie et Language (Larousse), Jahrgang 1968, S. 111
33) Laurema (s. Anm. 27), SS. 91 ff.
34) zitiert von Roggero, SS. 15/16
35) Hornickel, S. 98: cornichon = Ziel; Tardieu (s. Anm. 21), S. 3 beschreibt cochonnet als kleine, mit Nägeln versehene Kugel

ANHANG

Literatur zu den Kugelspielen

Dieses Buch ist den Informationen und Anregungen einschlägiger Literatur zum Thema Boule und Pétanque verpflichtet, soweit sie erreichbar war, was sich bisweilen als schwierig erwiesen hat. Diese Titel sind im ersten Unterabschnitt aufgeführt. (A)
Viele Boule-Bücher sind nach wenigen Jahren im Handel vergriffen und in Bibliotheken selten aufzutreiben. Für Interessierte sollen trotzdem auch die Titel erwähnt werden, die hier nicht zur Verfügung standen, aber denen man vielleicht gelegentlich in Antiquariaten begegnet. Dabei sind die Angaben manchmal verständlicherweise etwas ungenau (B).

Literaturverzeichnis A
Abney-Hastings, Maurice
The Pernod Book of Pétanque, London, 1981
Delaygues, Jean-Claude
Raconte-moi la pétanque, (de la Montagne), 1984
Duluc, Andre
Jeu de boules, Paris (Amphora), 1978
Fernez, Andre
La pétanque, Verviers (Marabout), 1979
Foyot, Marco / Dupuy, Alain / Dalmas, Louis
La pétanque, Paris (Laffont), 1984
Grimaud, Francois
Petit glossaire du jeu de boules in: Vie et Language (Larousse), Jahrgang 1968
Hornickel, Michael
Jeu des Boules, Pétanque und andere Kugelspiele, Berlin o.J. (vermutlich 1981)
Laurent, Claude-Marcel
Boules-Pétanque, Paris (Bornemann), 1985
Merou, H. / Fouskoudis, G.F.
Fanny et l'imagerie populaire, Grenoble (Terre et Mer), 1982

Meunier, Bernard
Aspects médicaux et scientifiques du sport-boules, Dissertation an der Universität Claude-Bernard, Lyon I - Faculté de Médecine Alexis-Carel, 1983
Otello (Robert Trovatelli)
Plein soleil sur la pétanque, Paris (La Table Ronde), 1970
Peer, Joachim
Das Boule-Spiel, Nürnberg, 1985
Roggero, Jacques
Le livre de la pétanque et du jeu provençal, Paris (J. Grancher), 1983
Silvester, Hans / Andouard, Yvan
Pétanque et jeu provençal, Paris (Chêne), 1977
Tardieu, Ch.
Boules, Paris (Bornemann), 1953
Vassas, Rene
La pétanque, (Edisud), 1982

Literaturverzeichnis B
Duluc, Andre
La boule lyonnaise, Lyon (SMA Resonnances), 1973
Garcin, Paul
Le jeu de boules, (Braun), 1950
Girard, M.
L'esprit bouliste, (Memoire), 1981
Godard, Justin
Anthologie du jeu de boules, (Du Curier), 1938
Huger, Francis
Les fadas de la pétanque, (Pastorelly), 1963

Marty, Christian
La pétanque, Paris (Laffont), 1976
Otello (Robert Trovatelli)
Les histoires humoristiques de la pétanque
Paccino, Charles
Place Arson, Temple de boules, Nice (Serre), 1982
Plume, Christian
Tout sur la pétanque, (La Table Ronde), 1970
Vidal-Pichot, Armand
Dicionario dou jo de boulo, Numero spécial von: Revue de la langue et littérature d'oc (später: provençal), No. 13, Avignon, 1963

Zeitschriften:

Pétanque Magazine, House-Organ de la Société „La Boule Obut", F-42380 St. Bonnet-le-Château

Sport Pétanque, 20, Avenue Jean Moulin, F-78380 Bougival

Pétanque Magzin, Pétanque Verlag, Isenbergstr. 39, 4300 Essen 1
Tel. 0201 – 79 04 53, Fax 0201 – 79 04 07

La Pétanque internationale
Boule – Guide
beides erscheint bei: Deutsche Pétanque Agentur, Friederikenstr. 12, 4300 Essen 1
Tel. 0201 – 79 08 30, Fax 0201 – 79 08 51

Hinweis: Bei diesen Adressen erfährt man alles über Pétanque in Deutschland, Termine, Kugelverkauf usw.

Literatur zu Bowls:

Bowls, Know the Game, London, 1985
James Medlycott, Bowls, London 1984

Foto- und Abbildungsnachweis

- Boulomanes Berlinois, S. 79
- Sport-Pétanque, S. 91
- Roger-Viollet, Paris, S. 98, 103, 105, 107
- dpa, S. 99
- Gigi Lawrenz, S. 69
- Ernesto Schulz, S. 80
- Günther Wagner, S. 7
- Deutsches Archäologisches Institut, Rom, S. 102
- Hans Silvester, Agentur Focus, Hamburg, S. 16
- Karl Hofer AG, Zürich, S. 101
- Felix Hübner, S. 96
- Kölner Rundschau am Sonntag, (Montage U. K.), S. 15
- alle anderen Fotos Ulrich Koch

PÉTANQUE – REGELN

Pétanque-Regeln der F.I.P.J.P.

(Fédération Internationale de Pétanque et Jeu Provençal)
gültig seit 1.1.1984

Allgemeine Regeln

Art. 1
Pétanque ist ein Spiel, das in folgenden Formationen gespielt wird:
– 3 Spieler gegen 3 Spieler (Triplette)
– 2 Spieler gegen 2 Spieler (Doublette)
– 1 Spieler gegen 1 Spieler (Tête-à-tête)

Beim Tripplette hat jeder Spieler 2 Kugeln zur Verfügung.
Beim Doublette hat jeder Spieler 3 Kugeln zur Verfügung.
Beim Tête-à-tête hat jeder Spieler 3 Kugeln zur Verfügung.

Art. 2
Pétanque wird mit Kugeln gespielt, die von der F.I.P.J.P. zugelassen sind und folgenden Eigenschaften entsprechen:
a) Die Kugeln müssen aus Metall sein.
b) Die Kugeln müssen einen Durchmesser von 7,05 cm bis 8 cm haben.
c) Die Kugeln müssen mindestens 0,650 kg und dürfen höchstens 0,800 kg wiegen.
   Der Typ (Fabrikat) und die Gewichtsangabe müssen eingraviert und immer lesbar sein.
d) Die Kugeln dürfen weder durch Hinzufügen von Metall, noch durch Einbringen von Sand, noch auf irgendeine andere Art gefälscht werden. Nach der Herstellung, die von der F.I.P.J.P. genehmigt sein muß, dürfen die Kugeln keiner Verformung oder Veränderung unterzogen werden.
   Name und Vorname oder die Initialen des Spielers dürfen jedoch nachträglich eingraviert werden.

Ein Spieler, der sich einer Verletzung der Bestimmungen des Art. 2 d) schuldig macht, wird sofort vom Wettbewerb ausgeschlossen; ebenso sein(e) Mitspieler.

Die folgenden zwei Fälle können eintreten:
2. Gefälschte Kugeln (boules truquées)
   Die Lizenz des Spielers wird für mindestens 15 Jahre eingezogen, ungeachtet weiterer Maßnahmen durch die nationale Disziplinarkommission.
2. Nachträglich veränderte Kugeln
   (durch Erhitzung usw.) (boules recuites)
   Die Lizenz des Spielers wird für 5 Jahre eingezogen und er verliert für mindestens 5 und höchstens 10 Jahre das Recht, an nationalen und internationalen Meisterschaften teilzunehmen.

Sollte bei einem dieser beiden Fälle der Spieler nicht Eigentümer der Kugel sein, und der Name des Eigentümers bekannt sein, so verliert dieser seine Lizenz für 5 Jahre.

Wenn eine Kugel zwar nicht verfälscht, aber durch Abnützung oder einen Fabrikationsfehler einer Kontrolle nicht standhält oder nicht den unter Art. 2 a) b) oder c) aufgeführten Normen entspricht, so muß sie der Spieler austauschen. Reklamationen bezüglich der Punkte a), b) und c)

sind nur zu Beginn eines Spiels zulässig. Die Spieler sind deshalb gehalten, sich **vor Spielbeginn** davon zu überzeugen, daß ihre Kugeln und die ihrer Gegner den oben aufgeführten Normen entsprechen.
Wenn sich nach drei Durchgängen die Reklamation eines Spielers bezüglich der Kugeln des Gegners als unbegründet herausstellt, wird der Spieler oder seine Mannschaft dadurch bestraft, daß dem Punktestand des Gegners 3 Punkte hinzugefügt werden.
Für den Fall, daß eine Kugel geöffnet wurde, liegt die Verantwortung beim Reklamierenden. Sind die Kugeln einwandfrei, so ist es ein Gebot sportlichen Verhaltens, daß sie der Reklamierende ersetzt; er kann jedoch nicht zum Schadenersatz gezwungen werden.
Der Schiedsrichter oder die Jury können immer, auch zu jedem Zeitpunkt eines Spiels, eine Prüfung der Kugeln eines oder mehrerer Spieler durchführen.
Die Forderung nach einer Kugelkontrolle kann nur zwischen zwei Durchgängen gestellt werden. Nach dem Spielende ist sie nicht mehr zulässig.
Die Zielkugeln sind ausnahmslos aus Holz. Der Durchmesser muß zwischen 25 mm und 35 mm liegen. Zielkugeln dürfen gefärbt sein, wenn dies dazu dient, daß sie besser gesehen werden können.

Art. 3
Vor Beginn eines Wettbewerbs muß jeder Spieler seine Lizenz vorweisen. Er muß sie auf Verlangen des Schiedsrichters oder zu Beginn eines Spiels auf Verlangen des Gegners vorzeigen. Die Lizenz muß vom Präsidenten des zuständigen Landesverbandes, von dessen Stellvertreter oder vom Präsidenten des Deutschen Pétanque-Verbandes unterzeichnet sein. Sie trägt außerdem die Unterschrift des Inhabers. Sie muß mit einer neueren Photographie des Inhabers versehen sein, die mit dem Siegel des Landesverbandes oder dem Siegel des DPV abgestempelt ist.
Jeder Spieler, dessen Lizenz nicht diesen Bestimmungen entspricht, ist vom Wettbewerb ausgeschlossen.

Art. 4
Es ist den Spielenden verboten, Kugeln oder Zielkugeln im Verlauf des Spiels zu wechseln; außer in folgenden Fällen:
1. Die Kugel ist unauffindbar.
2. Die Zielkugel ist unauffindbar.
3. Wenn eine Kugel in zwei oder mehrere Teile zerbricht, zählt alleine das größte Bruchstück für die Feststellung des Punktes, wenn keine Kugeln mehr zu spielen sind. Die zerbrochene Kugel muß vom folgenden Durchgang an durch eine gleiche Kugel ersetzt werden, oder der Spieler benutzt einen anderen Satz Kugeln. Sind noch Kugeln zu spielen, so wird das größte Bruchstück der Kugel sofort nach der Messung durch eine Kugel mit gleichem oder ähnlichem Durchmesser ersetzt.
4. Die gleichen Regeln gelten für die Zielkugeln.

Das Spiel

Art. 5

Pétanque wird auf **jedem** Boden gespielt. Die Veranstalter oder der Schiedsrichter können den Mannschaften jedoch abgegrenzte Spielfelder zuweisen.

In diesem Fall muß das Spielfeld bei nationalen oder internationalen Meisterschaften mindestens 4 m in der Breite und 15 m in der Länge messen.

Bei anderen Wettbewerben können die nationalen Verbände Abweichungen von diesen Maßen zustimmen.

Die Spiele werden auf 13 Punkte gespielt. Es besteht jedoch die Möglichkeit, Vorrundenspiele (poules) und Stechen (cadrage) nach 11 Punkten zu entscheiden.

Art. 6

Die Spieler begeben sich auf das ihnen zugewiesene Spielgelände und ermitteln durch das Los die Mannschaft, die die Zielkugel werfen muß. Dabei ist es unwichtig, welcher Spieler dieser Mannschaft die Zielkugel wirft.

Er wählt den Punkt des Abspiels und zeichnet auf dem Boden einen Kreis, (Durchmesser 0,35 m — 0,50 m) der 1 m von jedem Hindernis oder von der Grenze zu verbotenem Gelände entfernt liegt. Die Füße müssen sich im Innern des Kreises befinden und dürfen nicht über ihn hinausreichen. Sie dürfen ihn nicht verlassen oder gehoben werden, bis die geworfene Kugel den Boden berührt hat. Auch andere Körperteile dürfen den Boden außerhalb des Kreises nicht berühren.

Ausnahmen sind lediglich bei Behinderten gestattet. Eine Entscheidung darüber trifft der Schiedsrichter. Das Werfen der Zielkugel durch einen Spieler einer Mannschaft bedeutet nicht, daß dieser auch als erster spielen muß.

Im Fall der Zuweisung eines Spielfeldes an zwei gegnerische Mannschaften können diese das Spiel nicht ohne Erlaubnis des Schiedsrichters auf einem andern Gelände aufnehmen.

Art. 7

Damit die von einem Spieler geworfene Zielkugel gültig ist, muß

1. Der Abstand der Zielkugel vom ihr am nächsten gelegenen Punkt des Wurfkreisrandes mindestens 5 Meter und höchstens 9 Meter für Kinder (bis 14 Jahre) mindestens 6 Meter und höchstens 9 Meter für Jugendliche (bis 18 Jahre) mindestens 6 Meter und höchstens 10 Meter für Erwachsene betragen.
2. Der Wurfkreis mindestens 1 Meter von jedem Hindernis und von der Grenze zu verbotenem Gelände liegen,
3. Die Zielkugel mindestens 1 Meter von jedem Hindernis und vom nächsten Punkt der Grenze zu einem verbotenen Gelände liegen.
4. Die Zielkugel für einen Spieler sichtbar sein der mit beiden Füßen und in aufrechter Körperhaltung im Innern des Wurfkreises steht. Im Fall, daß dies bestritten wird, entscheidet der Schiedsrichter unanfechtbar, ob die Zielkugel sichtbar ist.

Beim nächsten Durchgang wird die Zielkugel von einem Kreis aus geworfen, der um den Punkt gezeichnet wird, auf dem sie im vorhergehenden Durchgang lag.
Außer in folgenden Fällen:

1. Der Kreis würde sich weniger als 1 m von einem Hindernis oder der Grenze zu verbotenem Gelände entfernt befinden.

2. Es wäre nicht möglich, die Zielkugel von der Stelle aus auf die größtmögliche Entfernung zu werfen.

Im ersten Fall zeichnet der Spieler einen Kreis in der vorgeschriebenen Entfernung vom Hindernis oder vom verbotenen Gelände.

Im zweiten Fall kann der Spieler auf einer geraden Linie zurückgehen, bis er die Zielkugel auf die größtmögliche Entfernung werfen kann. Dies ist nur dann möglich, wenn die Zielkugel in keiner Richtung auf die größtmögliche Entfernung geworfen werden kann.

Wenn nach drei aufeinanderfolgenden Würfen durch dieselbe Mannschaft die vorgeschriebenen Bedingungen, wie sie oben aufgeführt sind, nicht erfüllt sind, so wird die Zielkugel der gegnerischen Mannschaft ausgehändigt, die ebenfalls drei Versuche hat, und die den Kreis unter den obengenannten Bedingungen zurückverlegen darf. Wenn diese Mannschaft bei drei Würfen nicht erfolgreich ist, darf der Kreis nicht mehr verändert werden.

In jedem Fall behält die Mannschaft, die die Zielkugel nach den ersten drei Würfen verloren hat, das Recht, die erste Kugel zu spielen.

Art. 8

Wird die Zielkugel, nachdem sie geworfen wurde, durch den Schiedsrichter, einen Spieler, einen Zuschauer, ein Tier oder irgendeinen beweglichen Gegenstand angehalten, so ist sie nicht gültig und wird erneut geworfen, ohne daß dieser Wurf auf die drei erlaubten angerechnet wird.

Wenn nach dem Wurf der Zielkugel eine erste Kugel gespielt ist, hat der Gegner noch das Recht, die Lage der Zielkugel anzufechten. Wird die Anfechtung für zulässig anerkannt, so wird die Zielkugel erneut geworfen und die Kugel erneut gespielt.

Wenn der Gegner ebenfalls eine Kugel gespielt hat, wird die Zielkugel als definitiv gültig angesehen. Reklamationen sind dann nicht mehr erlaubt.

Art. 9

Die Zielkugel ist in folgenden fünf Fällen ungültig (verloren, tot):

1. Wenn sie sich, nachdem sie geworfen wurde, nicht in den unter Art. 7 beschriebenen Grenzen befindet.
2. Wenn sie im Verlauuf eines Durchgangs auf verbotenes Gelände gelangt. Die Zielkugel, die auf der Grenze eines Spielfeldes liegt, ist gültig. Sie ist nur ungültig, wenn sie die Grenze zu einem verbotenen Gelände oder die Auslinie ganz überschritten hat. Ist diese Linie durch einen Draht gekennzeichnet, ist die Zielkugel oder eine Kugel ungültig, sobald der Draht ganz überschritten ist. Als verbotenes Gelände ist auch eine Pfütze anzusehen, auf der die Zielkugel frei schwimmt.
3. Wenn sie sich auf erlaubtem Gelände befindet, ihre Lage aber so verändert wird, daß sie vom Kreis aus nicht sichtbar ist; entsprechend Art. 7. Eine Zielkugel, die durch eine Kugel verdeckt wird, ist jedoch **nicht** ungültig.
4. Wenn ihre Lage so verändert wird, daß sie mehr als 30 m oder weniger als 3 m vom Wurfkreis entfernt liegenbleibt.
5. Wenn ihre Lage so verändert wird, daß sie unauffindbar ist.

Art. 10

Wenn die Zielkugel geworfen ist, ist es den Spielern verboten, ein Hindernis (Stein, Sand, Blatt usw.), das sich auf dem Spielgelände befindet, aufzuheben, in seiner Lage zu verändern oder zu zerdrücken. Der Spieler jedoch, der sich darauf vorbereitet zu spielen, darf – er muß nicht – das Loch schließen, das durch die unmittelbar davor gespielte Kugel entstanden ist. Im Fall der Nichtbeachtung obenstehender Bestimmungen zieht sich der Spieler folgende Maßnahmen zu:

1. Verwarnung
2. Anullierung der gespielten oder der zu spielenden Kugel.
3. Ausschluß des Spielers für den Durchgang
4. Disqualifikation der schuldigen Mannschaft
5. Disqualifikation beider Mannschaften für den Fall des schuldhaften Einverständnisses.

Art. 11

Wenn die Zielkugel im Verlauf eines Durchgangs unvermutet durch ein Blatt oder ein Stück Papier verdeckt wird, so sind diese Gegenstände zu entfernrn.

Wenn die schon zur Ruhe gekommene Zielkugel durch die Einwirkung des Windes oder durch das Gefälle des Geländes zum Beispiel bewegt wird, so wird sie auf ihren ursprünglichen Platz zurückgelegt.

Dasselbe geschieht, wenn die Zielkugel unabsichtlich durch den Schiedsrichter, einen Spieler, durch einen Zuschauer, durch eine Kugel oder eine Zielkugel aus einem anderen Spiel, durch ein Tier oder irgendeinen beweglichen Gegenstand in ihrer Lage verändert wird. Um jede Anfechtung zu vermeiden, müssen die Spieler die Zielkugel markieren. **Sind die Kugeln oder die Zielkugel nicht markiert, ist eine Reklamation unmöglich.**

Eine Zielkugel, die sich in einer Pfütze befindet, ist gültig, wenn sie nicht frei schwimmt. (siehe Art. 9)

Art. 12

Wenn im Verlauf eines Durchgangs die Zielkugel auf ein anderes Spielfeld gerät, das begrenzt oder nicht begrenzt ist, so ist sie gültig unter dem Vorbehalt der Bestimmungen in Art. 9.

Die Spieler, die diese Zielkugel benutzen, warten, wenn nötig, auf das Ende des Durchgangs, der durch die Spieler begonnen wurde, die das andere Spielfeld benutzen, um dann ihren Durchgang zu beenden.

Die Spieler, auf die diese Bestimmung zutrifft, müssen Geduld und Höflichkeit beweisen.

Art. 13

Wenn im Verlauf eines Durchgangs die Zielkugel ungültig ist, so können sich drei Möglichkeiten ergeben:

a) Beiden Mannschaften verbleiben noch zu spielende Kugeln:
Der Durchgang wird mit 0 Punkten gewertet (anulliert)

b) Nur einer Mannschaft verbleiben noch zu spielende Kugeln:
Dann erhält diese Mannschaft soviele Punkte zugesprochen, wie sie noch zu spielende Kugeln zur Verfügung hat.

c) Bei keiner Mannschaft verbleiben noch zu spielende Kugeln:
Der Durchgang wird mit 0 Punkten gewertet (anulliert)

Die Zielkugel wird auch als „ungültig" erachtet, wenn sie nicht innerhalb von 5 Minuten aufgefunden werden kann, nachdem sie weggeschossen wurde.

Art. 14

1. Wenn die weggeschossene Zielkugel durch einen Zuschauer oder einen Schiedsrichter angehalten wird, behält sie ihre neue Position.
2. Wird die weggeschossene Zielkugel durch einen Spieler angehalten, so hat dessen Gegner drei Möglichkeiten:

a) Er läßt die Zielkugel in ihrer neuen Position.
b) Er legt sie an ihren ursprünglichen Platz zurück.
c) Er legt die Zielkugel auf einen Punkt, der sich auf der Verlängerung der Strecke zwischen dem ursprünglichen Platz der Zielkugel und dem Platz befindet, an dem sie angehalten wurde, aber ausschließlich innerhalb des erlaubten Geländes und nur, wenn der Durchgang fortgesetzt werden kann.

Die Punkte b) und c) können nur angewendet werden, wenn die Zielkugel vorher markiert war. War sie nicht markiert, bleibt die Zielkugel, wo sie sich befindet.

Art. 15

Wenn die Zielkugel im Verlauf eines Durchgangs das erlaubte Spielgelände verlassen hat, wird sie für den folgenden Durchgang von dem Punkt aus geworfen, auf dem sie sich befand, bevor sie das Spielgelände verlassen hat. Dies geschieht unter Beachtung des Art. 7.

a) Der Kreis kann im Abstand von 1 m von jedem Hindernis und von der Grenze zu verbotenem Gelände entfernt gezogen werden.
b) Die Zielkugel kann auf die größtmögliche Entfernung geworfen werden.

Die Kugeln

Art. 16

Die erste Kugel wird von einem Spieler der Mannschaft gespielt, die den Losentscheid oder den vorhergehenden Durchgang gewonnen hat.

Der Spieler darf weder Hilfsmittel benutzen, doch darf er Striche ziehen, um seine Kugel ins Ziel zu bringen oder um seinen Wurfpunkt zu kennzeichnen.

Wenn er seine letzte Kugel spielt, ist es ihm nicht erlaubt, eine weitere Kugel in der anderen Hand zu halten.

Es ist verboten, die Kugeln oder die Zielkugel anzufeuchten.

Art. 17

Während der regulären Zeit, die ein Spieler benötigt, um seine Kugel zu spielen, müssen die anderen Spieler und die Zuschauer die größte Ruhe einhalten.

Die Gegner dürfen weder umhergehen, noch gestikulieren, noch irgendetwas tun, was den Spieler stören könnte. Nur die Partner des Spielers dürfen sich zwischen der Zielkugel und dem Wurfkreis aufhalten, um den Wurfpunkt zu **zeigen.**

Die Gegner müssen sich seitlich der Zielkugel, hinter dem Spieler oder seitlich von ihm aufhalten. Sie müssen sowohl vom Spieler als auch von der Zielkugel einen Abstand von mindestens 2 m einhalten.

Spieler, die diese Vorschrift nicht beachten, können vom Wettbewerb ausgeschlossen werden, wenn sie ihr Verhalten nach einer Verwarnung durch den Schiedsrichter beibehalten.

Art. 18

Eine gespielte Kugel kann nicht nochmals gespielt werden, es sei denn, sie wird zwischen dem Wurfkreis und der Zielkugel durch eine Kugel oder eine Zielkugel aus einem anderen Spiel, durch ein Tier oder irgendeinen beweglichen Gegenstand (Ball usw.) angehalten oder in ihrer Bahn abgelenkt, oder in dem Fall, der in Art. 8, Absatz 2 vorgesehen ist. Es ist nicht erlaubt, seine Kugel im Spiel zur Probe zu werfen.

Wenn die Spielfelder durch den Veranstalter angesteckt sind, muß die Zielkugel in das Feld geworfen werden, das der Mannschaft zugeteilt ist.

Die Kugeln, die im Verlauf eines Durchgangs das abgesteckte Speilfeld verlassen, sind gültig, es sei denn, Art. 19 trifft zu. Dasselbe gilt für die Zielkugel, es sei denn, Art. 9 trifft zu.

Beim folgenden Durchgang setzen die Mannschaften ihr Spiel auf dem Feld fort, das ihnen ursprünglich zugeteilt war.

Wenn das Spielfeld durch Balken begrenzt wird, müssen sich diese jenseits einer Auslinie im Abstand von mindestens 30 cm von dieser befinden.
Werden Finalpartien auf besonders abgesteckten Feldern gespielt (carré d'honneur), so kann eine Auslinie im Abstand von maximal 4 m von der Spielfeldbegrenzung gezogen werden.
Wenn eine gespielte Kugel verdeckt wird, ist sie gültig, wenn sie sich nicht auf verbotenem Gelände befindet.

Art. 19
Eine Kugel ist ungültig, sobald sie auf verbotenem Gelände aufkommt, oder sobald sie dorthin bewegt wird (geschossen wird z. B.). Wenn eine Kugel danach auf das Spielgelände zurückkehrt, sei es durch das Gefälle des Geländes, sei es, daß sie von einem beweglichen oder unbeweglichen Hindernis abprallt, so muß sie sofort aus dem Spiel genommen werden, und alles, was sie nach dem Passieren des verbotenen Geländes verändert hat, wird in den ursprünglichen Zustand zurückversetzt.
Jede ungültige Kugel muß sofort aus dem Spiel genommen werden. Andernfalls wird sie gewertet, sobald eine weitere Kugel gespielt ist.

Art. 20
Eine Kugel, die durch den Schiedsrichter oder durch einen Zuschauer angehalten wird, behält die Position, in der sie liegenbleibt.
Eine Kugel ist ungültig, wenn sie von einem Spieler angehalten wird, von dessen Mannschaft sie gespielt wurde.
Eine Kugel, die von einem gegnerischen Spieler angehalten wird, kann nach Belieben des Spielers nochmals gespielt werden oder dort liegengelassen werden, wo sie zur Ruhe kommt.
Wenn eine Kugel, die geschossen oder auf eine andere Weise bewegt wurde, durch einen Spieler angehalten wird, kann der Gegner des Spielers, der den Fehler begangen hat
a) sie an dem Platz liegenlassen, an dem sie zur Ruhe gekommen ist,
b) sie auf einen Punkt legen, der sich auf der Verlängerung der Strecke zwischen ihrem ursprünglichen Platz und dem Platz befindet, an dem sie zur Ruhe gekommen ist; jedoch nur auf bespielbarem Gelände. Die gilt auch für die Zielkugel.
Ein Spieler, der eine Kugel absichtlich anhält, ist sofort für das laufende Spiel zu disqualifizieren; ebenso seine Mitspieler.

Art. 21
Sobald die Zielkugel geworfen ist, verfügt jeder Spieler über maximal eine Minute, um seine Kugel zu spielen. Diese Zeit läuft von dem Punkt an, an dem die Zielkugel oder die zuvor gespielte Kugel zur Ruhe gekommen ist, und wenn ein Punkt gemessen werden muß, nachdem die Messung abgeschlossen ist. Diese Bestimmungen gelten auch für das Werfen der Zielkugel nach jedem Durchgang.
Hält sich ein Spieler nicht an diese Bestimmungen, so zieht er sich die Maßnahmen, die unter Art. 10 formuliert sind, zu.

Art. 22
Wenn eine Kugel, die bereits zur Ruhe gekommen war, sich aufgrund des Windes oder wegen einer Bodenunebenheit bewegt, wird sie auf den ursprünglichen Platz zurückgelegt.
Dasselbe gilt für eine Kugel, die unabsichtlich durch einen Spieler, einen Zuschauer, ein Tier oder irgendeinen beweglichen Gegenstand bewegt wird.
Um jede Anfechtung zu vermeiden, müssen die Spieler die Kugeln und die Zielkugel markieren. Keinesfalls ist eine Reklamation bezüglich Kugeln oder einer Zielkugel erlaubt, die nicht markiert waren; der Schiedsrichter kann nur die neue Lage der Kugel oder Zielkugel auf dem Gelände feststellen.

Art. 23
Ein Spieler, der eine andere Kugel spielt als seine eigene, zieht sich eine Verwarnung zu: die Kugel ist für diesen Wurf gültig, muß aber dann sofort ausgetauscht werden.
Im Wiederholungsfall während eines Spiels wird seine Kugel anulliert, und alles, was sie bewegt hat, wird in die ursprüngliche Lage zurückversetzt.
Bevor ein Spieler spielt, muß er seine Kugel von allen an ihr haftenden Fremdkörpern und Schmutzspuren reinigen. Sonst treten die Strafen, die unter Art. 10 formuliert sind, in Kraft.

Art. 24
Jede nicht regelgerecht gespielte Kugel ist ungültig, und alles, was sie auf ihrer Bahn bewegt hat, wird in die ursprüngliche Lage zurückversetzt.
Dieselbe Regel gilt für eine Kugel, die aus einem anderen Kreis gespielt wurde als aus dem, aus dem die Zielkugel geworfen wurde.
Der Gegner hat jedoch das Recht, von der Vorteilsregel Gebrauch zu machen und den Wurf zu akzeptieren. In diesem Fall ist die gespielte oder geschossene Kugel gültig, und alles, was sie bewegt hat, bleibt in der neuen Position.

Punkte und Messung
Art. 25
Für die Messung eines Punktes ist es erlaubt, die Kugeln und Hindernisse, die zwischen der Zielkugel und der zu messenden Kugel liegen vorübergehend zu entfernen, nachdem sie markiert worden sind. Nach dem Messen sind die entfernten Kugeln und Hindernisse an ihren ursprünglichen Platz zurückzulegen. Können die Hindernisse nicht entfernt werden, so ist die Messung unter Zuhilfenahme eines Zirkels durchzuführen.

Art. 26
Das Messen eines Punktes obliegt dem Spieler, der die letzte Kugel gespielt hat, oder einem seiner Mitspieler. Die Gegner haben immer das Recht, **danach** durch einen ihrer Spieler zu messen.

Der Schiedsrichter kann gefragt werden, gleichgültig von wem und wann gemessen werden muß; sein Urteil ist unanfechtbar.

Art. 27
Eine Kugel, die am Ende eines Durchgangs vor der Feststellung der Punktezahl weggenommen wird, ist ungültig, wenn sie nicht markiert war.

Art. 28
Wenn ein Spieler beim Messen die Zielkugel oder eine andere Kugel zum Nachteil der gegnerischen Mannschaft verrückt, so ist der Punkt für die Mannschaft dieses Spielers verloren. Wenn der Schiedsrichter beim Messen eines Punktes die Zielkugel oder eine andere Kugel bewegt oder verschiebt, und wenn nach einer erneuten Messung der Punkt bei der Kugel bleibt, die ursprünglich für die der Zielkugel näherliegende gehalten wurde, so entscheidet der Schiedsrichter nach bestem Wissen und Gewissen.
Dasselbe geschieht im Fall, daß der Punkt nach einer erneuten Messung nicht bei der Kugel bleibt, von der ursprünglich angenommen wurde, daß sie der Zielkugel an nächsten sei.

Art. 29
Wenn zwei Kugeln, die verschiedenen Mannschaften gehören, oder wenn sie der Zielkugel berühren, der Zielkugel am nächsten liegen und den gleichen Abstand zu ihr haben, wird der Durchgang mit 0 Punkten bewertet, es sei denn, es sind noch Kugeln zu spielen. Die Zielkugel fällt der Mannschaft zu, die den vorhergehenden Durchgang gewonnen hat. Wenn eine Mannschaft allein noch Kugeln zur Verfügung hat, spielt sie diese und erhält soviel Punkte, wie sie Kugeln **näher** bei der Zielkugel untergebracht hat, wenn der Durchgang zu Ende ist.

Wenn beide Mannschaften noch über Kugeln verfügen, so spielt die Mannschaft eine Kugel, die zuletzt gespielt hat, danach die andere usw. abwechselnd, bis eine Mannschaft den Punkt mit einer ihrer Kugeln gewinnt. Wenn dann nur noch eine Mannschaft Kugeln zur Verfügung hat, gelten die Bestimmungen des vorangegangenen Absatzes.

Art. 30
Alle Fremdkörper, die der Kugel oder der Zielkugel anhaften, müssen vor der Messung entfernt werden.

Art. 31
Alle Reklamationen müssen, um zugelassen zu werden, an den Schiedsrichter gerichtet werden. Eine Reklamation, die nach Annahme des Spielergebnisses vorgebracht wird, findet keine Berücksichtigung.
Jede Mannschaft ist für die Überwachung der gegnerischen Mannschaft verantwortlich. (Lizenz, Spielfeld, Kugeln usw.).

Disziplin
Art. 32
Im Augenblick des Losentscheids über die Spielpaarungen und bei der Verkündung des Ergebnisses der Ziehung müssen die Spieler am Kontrolltisch anwesend sein. Wenn eine Mannschaft eine Viertelstunde nach der Verkündung dieser Ergebnisse nicht auf dem Spielgelände ist, wird sie mit einem Punkt bestraft, der der gegnerischen Mannschaft angerechnet wird. Ist eine Viertelstunde vergangen, erhöht sich die Strafe für jeweils weitere 5 Minuten Verspätung um einen Punkt.

Dieselbe Strafe wird während eines Wettbewerbs verhängt, nach jedem Losentscheid und im Fall einer Wiederaufnahme der Spiele nach einer Unterbrechung, unabhängig vom Grund der Unterbrechung.
Eine Mannschaft, die eine Stunde nach dem Ende der Verkündung des Ziehungsergebnisses nicht auf dem Spielgelände anwesend ist, hat das Spiel verloren.
Eine unvollständige Mannschaft hat die Möglichkeit zu spielen, ohne auf den abwesenden Spieler zu warten; sie kann jedoch nicht über dessen Kugeln verfügen.

Art. 33
Wenn ein abwesender Spieler nach Beginn eines Durchgangs erscheint, so darf er an diesem nicht teilnehmen; er ist erst vom nächsten Durchgang an zum Spiel zugelassen.
Wenn ein abwesender Spieler später als eine Stunde nach Beginn des Spiels erscheint, so verliert er das Recht, an dem Spiel teilzunehmen.
Wenn seine Mitspieler dieses Spiel gewinnen, so kann er am nächsten Spiel teilnehmen, unter dem Vorbehalt, daß die Mannschaft namentlich eingeschrieben ist.
Wenn ein Wettbewerb in Gruppen abläuft, kann er am zweiten Spiel, unabhängig vom Resultat des ersten, teilnehmen.
Ein Durchgang gilt als „begonnen", wenn die Zielkugel „regelgerecht" auf dem Spielgelände plaziert ist.

Art. 34
Das Austauschen eines Spielers ist bis zu Beginn des Wettbewerbs erlaubt.

Art. 35
Wenn es regnet, muß jedes angefangene Spiel zuende geführt werden, es sei denn, der Schiedsrichter entscheidet anders. Er allein ist berechtigt, im Einvernehmen mit der Jury, zu entscheiden, ob ein Spiel unterbrochen oder wegen höherer Gewalt anulliert wird.
Wenn nach der Ansage des Beginns einer neuen Phase des Wettkampfs (2. Runde, 3. Runde usw.) bestimmte Spiele noch nicht beendet sind, so kann der Schiedsrichter im Einvernehmen mit dem Veranstalter, alle Anordungen und Entscheidungen treffen, die er für einen ordentlichen Verlauf des Wettbewerbs für nötig erachtet. Kein Spieler kann sich ohne Erlaubnis des Schiedsrichters von einem Spiel entfernen oder das Spielgelände verlassen. Tut er es ohne Erlaubnis, so treten die Bestimmungen der Art. 32 und 33 in Kraft.

Art. 36
Die Teilung der Preise ist ausdrücklich verboten. Jede derartige Abmachung ist strengsten durch den sofortigen Ausschluß der schuldigen Mannschaft zu bestrafen und durch die Nichteintragung und Nichtbestätigung eventuell schon erreichter Ergebnisse.
Die Mannschaften, die das Endspiel, aber auch irgendein anderes Spiel austragen, und es dabei an Sportlichkeit und Respekt den Zuschauern, den Offiziellen oder dem Schiedsrichter gegenüber fehlen lassen, werden vom Wettbewerb ausgeschlossen. Dieser Ausschluß kann die Nichtwertung eventuell erzielter Ergebnisse sowie die in Art. 37 vorgesehenen Maßnahmen nach sich ziehen.

Art. 37
Ein Spieler, der sich einer Unkorrektheit und im schlimmeren Fall der Anwendung von Gewalt gegenüber einem Offiziellen, einem Schiedsrichter, einem anderen Spieler oder einem Zuschauer schuldig macht, zieht sich eine oder

mehrere der folgenden Maßnahmen, entsprechend der Schwere seines Vergehens, zu:
1. Ausschluß vom Wettbewerb
2. Entzug der Lizenz
3. Einbehalten der Preise
Die Maßnahmen, die einen Spieler betreffen, können auch auf seine Mitspieler angewandt werden. Die Maßnahmen 1 und 2 sind durch den Schiedsrichter zu verhängen.
Die Maßnahme 3 wird durch den Veranstalter verhängt. Dieser sorgt dafür, daß die zurückgehaltenen Preise zusammen mit einem Bericht, innerhalb von 48 Stunden zum Vorstand des nationalen Verbands gelangen, der über ihre Verwendung entscheidet.
In jedem Fall hat die nationale Disziplinarkommission die letzte Entscheidung.

Art. 38

Die Schiedsrichter, die den Wettbewerb leiten, sind gehalten, die strikte Einhaltung der Spielregeln zu überwachen. Sie sind berechtigt, jeden Spieler und jede Mannschaft vom Wettbewerb auszuschließen, die sich weigern, ihren Anordnungen Folge zu leisten.
Die Zuschauer mit Lizenz, die durch ihr Verhalten Anlaß zu Zwischenfällen auf dem Spielgelände geben, werden vom Schiedsrichter dem Vorstand des nationalen Verbandes gemeldet.
Der Vorstand des nationalen Verbandes wird den oder die Schuldigen vor die zuständige Disziplinarkommission laden, die über die zu ergreifenden Maßnahmen befindet.

Art. 39

Von allen, in diesem Regelheft nicht vorgesehenen Fällen, ist dem Schiedsrichter Mitteilung zu machen, der dem Veranstalter des Wettbewerbs Bericht erstattet. Veranstalter ist das Organisationskommitee, das mindestens 3 und höchstens 5 Mitglieder umfaßt.
Entscheidungen, die in Anwendung dieses Art. vom Kommitee und vom Schiedsrichter (Jury) getroffen werden, sind unanfechtbar.
Im Falle der Stimmengleichheit gibt die Stimme des Schiedsrichters den Ausschlag.

Von jedem Spieler wird korrekte Kleidung gefordert (es ist nicht erlaubt, barfuß oder mit unbekleidetem Oberkörper zu spielen). Jeder Spieler, der diese Vorschriften nicht beachtet, wird nach einer Verwarnung durch den Schiedsrichter vom Wettbewerb ausgeschlossen.

» Veröffentlichung mit Genehmigung des Deutschen Pétanque Verbandes. «

EINSCHREIBUNG

STARTNR.	NAMEN + VEREIN	GELD			
1			19		
2			20		
3			21		
4			22		
5			23		
6			24		
7			25		
8			26		
9			27		
10			28		
11			29		
12			30		
13			31		
14			32		
15			33		
16			34		
17			35		
18			36		

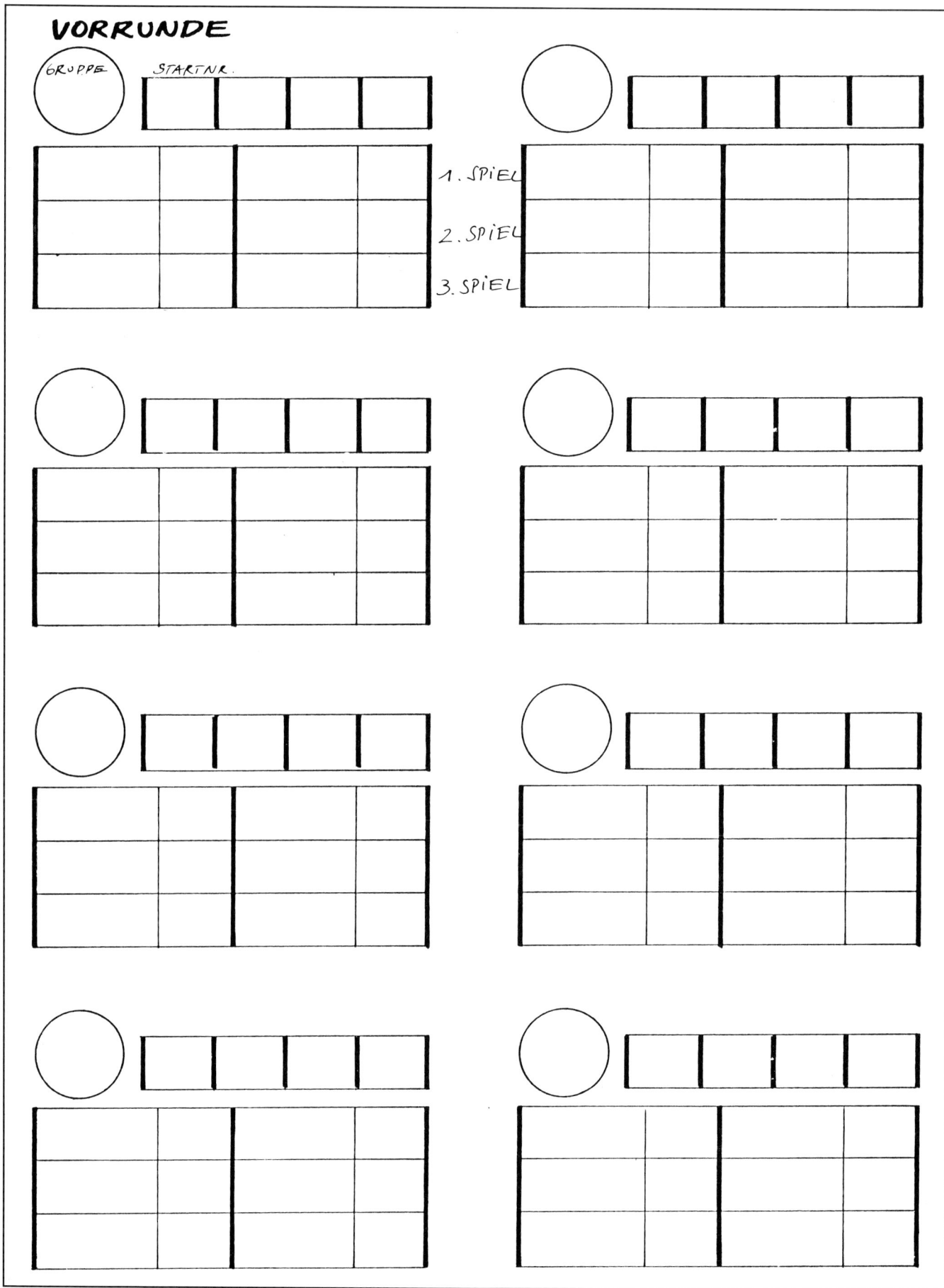

HAUPTRUNDE

FINALE   **3.+4.**   **5.+6.**   **7.+8.**

1.-4.   **5.-8.**

1.-8.

1.-16.

1.-32.

Pétanque-Adressen

Kugelhersteller und Importeure

Hersteller

Ets. Couloubier
Rue Sandin
F-83000 Toulon
Tel. 00-33-94.41.27.78
(La boule noire)

Elte (LT)
16. Av. de St. Etienne,
F-42600 Montbrison,
Tel. 00-33-77.58.11.00

Idéale
14, Rue E. Zola
F-42800 Rive-de-Gier
Tel. 00-33-77.75.04.57

Intégrale
96, Rue Marius Berliet,
F-69008 Lyon,
Tel. 00-33-78.72.09.64

JB
Boulevard des Acacias - BP 31
F-42380 St. Bonnet-le-Château,
Tel. 00-33-77.51.04.62

Obut
F-42380, St. Bonnet-le-Château,
Tel. 00-33-77.51.03.23

Rofritsch
Zone Industrielle La Valentine,
F-13011 Marseille,
Tel. 00-33-91.43.27.20
(la boule bleue)

Vannucci
23, 6e Rue, Z.I.
F-13127 Vitrolles,
Tel. 00-33-42.89.25.39

Kugelimporteure

Boules Matz, Inh. Bernd Matz
(Obut, Boule Unic, La Boule Noir,
Bucaro, L Boule Bleue)
Bommerholzer Weg 59,
5802 Wetter 4
Tel. 02335 – 7 24 40,
Fax 02335 – 7 16 84

Deutsche Pétanque Agentur,
Inh. Kristina Spennhoff
(La boule Intégrale)

Friederikenstr. 12, 4300 Essen 1
Tel. 0201 – 79 08 30,
Fax 0201 – 79 08 51

Hinweis: Bei diesen Adressen erfährt man weitere Kugelverkaufsstellen in Deutschland.

Verbände, Vereine, Spielgemeinschaften

DPV – Deutscher Pétanque Verband
Masurenring 7
2300 Kiel 14

Deutscher Boccia Verband
(Dachverband für Pétanque, Boccia,
Boule Lyonnaise, Mitglied im
Deutschen Sportbund DSB)
Heinrich-Heine-Straße 5
6103 Griesheim

Landesverbände

Baden-Württemberg

Deutscher Boccia Verband
LV Baden-Württemberg e.V.
Hölzleswiesen 1
7000 Stuttgart 75

SG Pfingstberg Hochstätt e.V.
Boule Freunde
Mallaustraße 111
6800 Mannheim 81

B.C. Edingen-Neckarhausen e.V.
Fichtenstraße 59
6803 Edingen-Neckarhausen

Pétanque Club Schwetzingen
Berliner Straße 47
6830 Schwetzingen

Heidelberger Boule Spieler
Gerhard-Hauptmann-Straße 4
6915 Dossenheim

SG Schriesheimer Boulefreunde
Mozartstraße 53
6905 Schriesheim

Wieslocher Boulespieler
Breslauerstraße 31
6908 Wiesloch

Boule Club Bammentahl
Joh.-Seb.-Bach-Straße 4
6919 Bammental

Pétanque Club Meckesheim e.V.
Breslauer Straße 16
6922 Meckesheim

Boule Freunde Weinheim e.V.
Leberstraße 61
6940 Weinheim

F.C. Stahlbad e.V. Abt. Pétanque
Zeppelinstraße 21
6940 Weinheim

Filder Bouler e.V.
Hölzleswiesen 1
7000 Stuttgart 75

Pétanque SG Fritzchen
Heilbronner Straße 85
7000 Stuttgart 1

SG Club de Sieste
Kapellenweg 83
7000 Stuttgart 50

SG Carambologe Stuttgart
Bebelstraße 64
7000 Stuttgart 1

SG Endersbach
Kernenweg 1
7056 Weinstadt

BC Sauberg Mühlacker e.V.
Pforzheimer Straße 51/1
7130 Mühlacker

Boule Club Rottweil e.V.
Hochwaldstraße 50
7210 Rottweil

Harissa-Club Rottweil
Am Stadtgraben 14
7210 Rottweil

1. PC Rugeler Reutlingen e.V.
Kronstädter Straße 83
7410 Reutlingen

1. Boule Club Karlsruhe
Stephanienstraße 71
7500 Karlsruhe

1. BC Eggenstein '85 e.V.
Kirchenstraße 18 a
7514 Eggenstein-Leopoldshafen

1. Brusler Boule Club e.V.
Durlacher Straße 17
7520 Bruchsal

Boule Club Philippsburg
Am Münzturm 10
7522 Philippsburg 1

SG Stadttheater Konstanz
Carl-Gördeler-Straße 9
7530 Pforzheim

SG Biberon Neulingen
Waldblickstr. 12
7531 Neulingen 2

Boule Club Rastatt e.V.
Franz-Philipp-Straße 5
7550 Rastatt

Pétanque Club Niederbühl e.V.
Herrenstraße 21
7550 Rastatt

Boule Club Durmersheim e.V.
Südring 8
7552 Durmersheim

Boule Club Ettenheim e.V.
Weinbergstraße 18
7637 Ettenheim 3

Bodensee Boule Club Singen e.V.
Hegaustraße 27 a
7703 Rielasingen 1

SG Pétanque Villingen
Warenburgerstr. 24
7730 VS-Villingen

Boule Club Konstanz e.V.
Schwedenschanze 5
7750 Konstanz

Freiburger Turnerschaft e.V.
Schwarzwaldstraße 181
7800 Freiburg

Badischer Pétanque Verein e.V.
Hohlgasse 6
7815 Kirchzarten

Intern. Hochrhein Bouler
In der Bütze 74
7895 Klettgau-Erzingen

Pétanque SG Wilhelmsdorf
Niederweiler Straße 13/4
7883 Wilhelmsdorf

Bayern

Bayerischer Pétanque Verband e.V.
Geschäftsstelle
Anton-Bruckner-Straße 30
8501 Schwaig

1. Münchner Kugelwurfunion
Pétanque Munichoise e.V.
Tengstraße 4
8000 München 40

Pentanque Cooperative Sauerlach
Schützenstraße 30
8029 Sauerlach

1. Boule-Club Germering e.V.
Rosenstraße 33
8034 Germering 2

Boule Freunde Kleine Tierschau
Nabburg
Regensburger Straße 7
8470 Nabburg

Pétanque-Club Furth im Wald e.V.
Glaserstraße 67
8492 Furth im Wald

Pétanque Club Noris Cochonnets
e.V. Nürnberg
Sonnenstraße 4
8508 Röthenbach/Stw

Boule Gemeinschaft Zwietracht Hof
Haidecker Straße 16 a
8679 Oberkotzau

Deutsch-Franz. Ges. Würzburg e.V.
Sektion Pétanque
Ludwigstraße 21
8700 Würzburg

Schweinfurter Kugelleger e.V.
An den Schanzen 1
8720 Schweinfurt

1. Boule Club Pétanque Aschaffenburg e.V.
Meisenweg 8
8750 Aschaffenburg

Heiße Kugel Ansbach
Bischof-Meiser-Straße 15
8800 Ansbach

Datschiburger Kugelbeißer
Scharnitzer Weg 1
8900 Augsburg

PARA Boule Altenstadt
Burglachbergstr. 30
8925 Altenstadt b. Schongau

Pétanque Club Boule a'GoGo
Lindenberg
Schüttentobel 31 1/2
8999 Ebratshofen/Allgäu

Berlin

Landesverband Berlin
Geschäftsstelle
Knobelsdorffstraße 39
1000 Berlin 19

Berliner Pétanque Club
Boulomanes Berlinoises e.V.
Knobelsdorffstr. 39
1000 Berlin 19

Hessen

LV Hessen e.V.
Geschäftsstelle
Heinrich-Heine Straße 15
6103 Griesheim

Orangerie Klicker „OK"
Ihringhäuser Straße 158
3500 Kassel

1. FPC v. 1980 Frankfurt e.V.
Nelkenweg 9
6382 Friedrichsdorf/Ts.

Pétanque Club Bieber
Hochstr. 16
6050 Offenbach/Main

1. Hausener Canasta Boule Club
Bernardstraße 22
6053 Obertshausen

Boule Club Neu-Isenburg
Schopenhauerstraße 32
6078 Neu-Isenburg

PSV Blau-Gelb Groß-Gerau
Nauheimer Weg 3
6080 Groß-Gerau

TSV Raunheim e.V.
Abteilung Petanque
Faulbruckstraße 27
6090 Rüsselsheim

ASV Darmstadt e.V. Betriebssport-
gruppe Pétanque
August-Metz-Weg 24
6100 Darmstadt-Eberstadt

Boule Club „Wilde 13" Darmstadt
Philipp-Röth-Weg 6
6100 Darmstadt

Die Modaubouler
Heidelberger Landstraße 238 G
6100 Darmstadt

1. Boule Club 1980 Seeheim e.V.
Grenzweg 13
6146 Alsbach

Pétanque Groß-Zimmern 1988 e.V.
Kreuzhohl 1
6112 Groß-Zimmern 2

Sport u. Spielgemeinschaft (SSG)
Knodener Straße 2
6140 Bensheim

Bouleclub Boule-Dotzer Wiesbaden
Erbacher Straße 8
6200 Wiesbaden

Boule Club Massenheim 1988
Pfarrgasse 15
6238 Hofheim 2

Boule Club 1977 Kronberg/Taunus
Gelber Weg 6
6242 Kronberg 2

SG Boule Club 1989 Workshop
Gießen
Westanlage 51
6300 Gießen

VFDFF e.V. Abt. Pétanque
Weingartenstraße 22
6332 Ehringshausen

1. Pétanque Club Petterweil
von 1986
Alte Heerstraße 18
6367 Karben 6

Pétanque Club Oberursel e.V.
Henricusstraße 36
6370 Oberursel

Boule Club Friedrichsdorf 1976
Madame-Blanc-Straße 2
6382 Friedrichsdorf 1

SG Boule-Dromedare
Alte Straße 36
6403 Flieden

Pétanque Spielgemeinschaft Maintal
Rathenaustraße 19
6457 Maintal 1

Pétanque-Club Viernheim 1984 e.V.
Otto-Hahn-Straße 6
6806 Viernheim

Pétanque-Boule-Club Fischotter
Biblis e.V.
Schubertstraße 8
6843 Biblis

Niedersachsen/ Schleswig-Holstein/ Hamburg/Bremen

LV Niedersachsen/Schleswig-
Holstein/Hamburg/Bremen
Masurenring 7
2300 Kiel 14

ABC Altonaer Boule-Club
Otzenstraße 36
2000 Hamburg 50

PC Nordboules e.V.
Masurenring 7
2300 Kiel 14

BIB Boule Initiative Bremen
Vor dem Steintor 33
2800 Bremen 1

Compagnie de Boule
Klaus-Groth-Str. 7
2400 Lübeck

Boule Compagnie OHZ e.V. 1988
Hinter dem Gartel 9
2860 Osterholz-Scharmbeck

Pétanque-Club Ruscherei e.V.
Auf dem Klei 18
2940 Wilhelmshaven

Karl-Heinz Engelke
Lippertweg 13
3000 Hannover 21

BSG Magni Bouler
Autorstraße 14
3300 Braunschweig

SG – Rund u. Rostig
Lotter Straße 11
4535 Westerkappel-Düte

Nordrhein-Westfalen

LV Nordrhein-Westfalen
Kreuzherrenstraße 53
5300 Bonn 3

Pétanque Club Essentho
Brüggestraße 2
3538 Marsberg 15

TV Grafenberg
Drakestraße 8
4000 Düsseldorf 11

„Die Brückenkinder"
Camphausenstraße 14
4000 Düsseldorf

BG Kniebrücke
Wildenbruchstraße 24
4000 Düsseldorf 1

Cercle des Pétanqueurs Erkrath e.V.
Prof. Sudhoffstraße 28
4006 Erkrath-Hochdahl

BC Schweinchentreiber
Rheinstraße 27
4044 Kaarst 1

Gillbachboulebagage
Olfenweg 32
4049 Rommerskirchen 1

Krefelder Pétanque Spielgemeinschaft Kretanque '88
Martinstraße 60
4150 Krefeld

Niederrheinische Flachlandbouler
Buttermarkt 20
4152 Kempen 1

Familien Sportbund Solaris Nieder-
rhein e.V.
Hassumer Straße 388
4180 Goch 4

Pétanque SG Schillerwiese
Hans Luther Allee 23
4300 Essen 1

Club la Boule – Altenessen e.V.
Schalker Straße 110
4300 Essen 12

Pétanque Club Click Essen-Köln e.V.
Friederikenstraße 12
4300 Essen 1

Boulegemeinschaft Kettwig
Volckmarstraße 36
4300 Essen 18

SG Sprockhövel
In der Stufke 2
4322 Sprockhövel

Boule Club Essen 77
Kantweg 17
4330 Mühlheim

BSG Marl
Harvesterstraße 8
4370 Marl

Klub für Kugelsport Münster e.V.
Apenrader Straße 8
4400 Münster

Dtsch.-Franz. Gesellschaft
Warendorf e.V.
Bodelschwinghstraße 21
4410 Warendorf 2

1988 PC Boulevard Coesfeld
Gerlever Weg 16 a
4420 Coesfeld

La Boule Rouge 1985 e.V.
Arnecke Straße 23
4600 Dortmund 1

La Boule Noire
Singerhoffstraße 57
4600 Dortmund

Boule Club ,,Der durstige Mann '83''
Werner Straße 44 a
4600 Dortmund 72

P.C. Biberon Dortmund
Redtenbacher Straße 7
4600 Dortmund 1

Diaboulo Bochum 1986 e.V.
Bommerholzer Weg 59
5802 Wetter 4

Les eclairs en boule 1986
Wattenscheider Hellweg 181
4630 Bochum 6

B.C. ,,Le Village e.V.''
Nettelbeckstraße 76 F
4630 Bochum 1

Boule Club Buer e.V.
Zweckeler Straße 86
4650 Gelsenkirchen

Pétanque Club Lüdringhausen
Ludgerisstraße 10
4400 Münster

PC ,,La Difference''
Ostbredenstraße 62
4730 Ahlen

Bürgerverein Gestringen e.V.
Wittekindstraße 17
4994 Pr. Oldend./Holzhausen

Cercle Sportif Weiden
Belg. Militärsport-Schule
Carl-Diehm-Weg
5000 Köln 40

Boule Club Köln
Faßbenderkaul 1
5000 Köln 21

P.C. Aachen
Arndtstraße 9
5100 Aachen

Pétanque-Freunde Düren e.V.
Meroder Straße 10
5160 Düren

1. Bouleclub Hennef e.V.
Allner Weg 10
5202 Hennef

La Boule D'or
35 A Batterie D
5210 Spich-Troisdorf

Boulefreunde Sieglar-Troisdorf
Kirchstraße 42
5210 Troisdorf

Sieglarer Turnverein 1897 e.V.
Rubensstraße 121
5210 Troisdorf-Sieglar

BC Altstadtfreunde Bonn e.V.
Dixstraße 18
5300 Bonn

Boule Club Familien-Sport-Bund e.V.
Postfach 140 141
5300 Bonn 1

Allee des boules Bonn Poppelsdorf
Kirschallee 56
5300 Bonn 1

Boule Club Meckenheim
Auf den Köppen 11
5309 Meckenheim-Merl

1. Boule Club-Pétanque Bad Godesberg e.V.
Rheinblickstraße 61
5342 Rheinbreitbach

BC Weilerwist
Ludwigstraße 13
5354 Weilerwist

BC JEPTT Wuppertal
Am Hofe 38
5600 Wuppertal 12

Lichtbund Wuppertal
Delbusch 204
5600 Wuppertal 2

BC Rote Erde Niederberg
Mettmannerstraße 135
5620 Velbert 1

BS Leichlingen e.V.
Neuland 13
5653 Leichlingen

Pétanque Freunde Hagen
Sunderlohstraße 11
5800 Hagen

Boule Club Ennepetal
Am Wilh. Crone Hain 4
5828 Ennepetal

Liga für freie Lebensgestaltung e.V.
Stadtring 93 a
4800 Bielefeld 14

Rheinland-Pfalz

LV Rheinland-Pfalz e.V.
Geschäftsstelle
Am Pfingstborn 36
6760 Rockenhausen

Die Nebenbouler Koblenz
An der Liebfrauenkirche 11
5400 Koblenz

Boule Freunde Bacharach
Blückerstraße 207
6533 Bacharach

Boule Club Rehborn '89
Klenkertor
6554 Meisenheim

Boule-Club 1988 Speyer
Am Sandhügel 8
6720 Speyer

1. Lautrer Boule Club
Kästenbergstraße 13
6750 Kaiserslautern 25

Boule-Freunde Le Cochonnet
1986 e.V.
Am Pfingstborn 36
6760 Rockenhausen

Saarland

Präsident SBV e.V.
Mainstraße 4
6602 Sbr.-Dudweiler

Geschäftsstelle SBV e.V.
Haus des Sports
Saaruferstraße 16
6600 Saarbrücken

Pétanque-Freunde Saarbrücken e.V.
Breite Straße 38
6600 Saarbrücken

Boule Club Eschberg 1980
Saarbrücken e.V.
Rostocker Straße 89
6600 Saarbrücken

Boule Spielgemeinschaft Nanteser
Platz Saarbrücken e.V.
Großherzog-Friedrich-Straße 131
6600 Saarbrücken

Pétanque Club Rodenhof
Saarbücken
Ottweilerstraße 83
6600 Saarbrücken

Betriebssportgemeinschaft
Berufsfeuerwehr Saarbrücken e.V.
Werderstraße 14
6600 Saarbrücken

Camping Club Saarbrücken e.V.
In der Wolfskaul 3
6620 Völklingen

Pétanque Club Hanweiler
Dr.-Kirbs-Straße 48
6601 Kleinblittersd.-Hanweiler

Pétanque Club Pascalschacht 1984
Dudweiler
Stockbachstraße 16
6605 Friedrichsthal

KSV Gersweiler e.V. Abt. Boule
Kreisstraße
6606 Sbr.-Gersweiler

Boule Club Lebach e.V.
Jahnstraße 10
6610 Lebach

Boule Club 1979 Völklingen e.V.
Am Kirschenwäldchen 10
6620 Völklingen

Boule Club 1984 Völklingen-Fenne
Leostraße 12
6620 Völklingen 5

Boule-Club 89 Heidstock e.V.
Illerweg 5
6620 Völklingen

Boule Club 1986 Großrosseln
Emmersweilerstraße 170
6624 Großrosseln

Boule Club Bous
Friedrich-Ebert-Straße 69
6626 Bous

Boule Club 1966 Saarlouis e.V.
Kurt-Schumacher-Allee 223
6630 Saarlouis

Club Bocce 1977 Saarlouis
Orannaweg 4
6630 Saarlouis

Boule Club Saarlouis-Picard
Dorfstraße 17
6630 Saarlouis

Rasenkraftsport-Verein Ensdorf e.V.
Görlitzer Straße 2
6631 Ensdorf

Boule Club Saarwellingen e.V.
Saarwellinger Straße 30
6637 Nalbach

Boule Club Ali – Saarwellingen
Heinrich-Heine-Straße 21
6632 Saarwellingen

TV von 1898 Hostenbach e.V.
Floßstraße 7
6633 Wadgassen-Hostenbach

Pétanque 1985 Schwalbach
Alleestraße 2
6635 Schwalbach-Griesborn

TV 1911 Griesborn e.V.
Beethovenstraße 13
6635 Schwalbach

Boule Club Maldix Nalbach e.V.
Priesbacher Straße 38
6637 Nalbach

Boule Club Körprich
Gerbhausstraße 11
6612 Schmelz 5

Boule Club 1982 Dillingen
Ritschstraße 34
6630 Saarlouis-Roden

Boule Freunde Honzrath
Weidengarten 5
6645 Beckingen-Honzrath

Boule Club Wadrill
Schlimmfeldstraße 11
6648 Wadern-Wadrill

Pétanque Nunkirchen
Klosterstraße 35
6648 Nunkirchen

TV 09 Jägersburg e.V.
Eichenweg 11
6650 Hbg.-Jägersburg

Boule Gemeinschaft am Saarpfalz-
Gymnasium Homburg
Obere Allee 51
6650 Homburg

Boule Club Claque
Am Wasserturm 41
6650 Homburg

Bouchon Neunkirchen
Albert-Schweitzer-Straße 42
6680 Neunkirchen

Boule Freunde Landsweiler
Goethestraße 41
6685 Schiffweiler-Landsweiler

Boule Spielgemeinschaft St. Wendel
Berschweiler Straße 5
6690 St. Wendel

Weitere Titel aus dem
Homo-Ludens-Programm
im Heinrich Hugendubel Verlag

Katja Heim / K. H. Wendlandt
PFEIL UND BOGEN

Bogenschießen als Sport und Hobby.
123 Seiten mit vielen Fotos, Zeichnungen und Tabellen.
Paperback

Günther Veit
BUMERANGS

Werfen, Fangen und Selbstbauen.
104 Seiten mit vielen Fotos und Zeichnungen.
Paperback

Renée Holler
MURMELN, SCHUSSER, KLICKER

112 Seiten mit Fotos, Zeichnungen und Tabellen.
Paperback

Hajo Bücken
KNOPFSPIELE

Geschick, Taktik, Kreativität, Kommunikation.
112 Seiten mit vielen Fotos und Zeichnungen.
Paperback

Ingeborg Pils / Alfons Schuller
STEINSPIELE

120 Seiten mit vielen Abbildungen.
Paperback